Lecture Notes in
Operations Research and
Mathematical Systems

Economics, Computer Science, Information and Control

Edited by M. Beckmann, Providence and H. P. Künzi, Zürich

34

H. Störmer

Wissenschaftlicher Mitarbeiter der Siemens AG
Privatdozent der Technischen Hochschule München

Semi-Markoff-Prozesse mit endlich vielen Zuständen

Theorie und Anwendungen

Springer-Verlag
Berlin Heidelberg GmbH 1970

ISBN 978-3-540-04957-9 ISBN 978-3-642-95165-7 (eBook)
DOI 10.1007/978-3-642-95165-7

Originally published by Springer-Verlag Berlin Heidelberg New York in 1970
Library of Congress Catalog Card Number 77-133370.

Title No. 3783

Vorwort

Unter den stochastischen Prozessen sind die Semi-Markoff-Prozesse besonders geeignet zur Beschreibung einer großen Anzahl von Zufallsvorgängen in Natur, Wirtschaft und Technik. Man denke nur an Wachstumsprozesse, Lagerhaltungs- und Warteschlangenprobleme oder Probleme der Zuverlässigkeit von Systemen.

Die Semi-Markoff-Prozesse sind gekennzeichnet durch endlich viele oder abzählbar unendlich viele Zustände, durch die Übergangswahrscheinlichkeiten und durch die Verteilungsfunktionen für die Zustandsdauern. Sie enthalten als Spezialfälle die Klasse der Erneuerungsprozesse (ein einziger Zustand), die Klasse der Markoff-Ketten (konstante gleiche Zustandsdauer aller Zustände) und der Markoff-Prozesse mit stetigem Zeitparameter (negativ-exponentielle Verteilung der Zustandsdauern).

Dieser Bericht enthält im ersten Teil einen Abriß der Erneuerungstheorie, deren Ergebnisse die wesentlichen mathematischen Hilfsmittel für die Behandlung der Semi-Markoff-Prozesse liefern. Im zweiten Teil werden die für die Anwendungen wichtigsten Resultate der Theorie der Semi-Markoff-Prozesse hergeleitet. Bekannte Ergebnisse werden mit Namen zitiert. Die Untersuchung beschränkt sich auf die Semi-Markoff-Prozesse mit endlich vielen Zuständen, weil sie für die Anwendungen besondere Bedeutung haben und sich mit den einfachen Mitteln des Matrizenkalküls behandeln lassen.

Der Verfasser dankt Herrn Professor Dr. M. Beckmann für das freundliche Angebot, diese Arbeit in die Lecture Notes in Operations Research and Mathematical Systems aufzunehmen. Für die sorgfältige Anfertigung des Maschinenskriptums ist er Frau M. Zech zu Dank verpflichtet, ebenso Herrn U. Voges für zahlreiche Korrekturhinweise.

Inhaltsverzeichnis

1. Erneuerungstheoretische Grundlagen

1.1. Einleitung

In der Erneuerungstheorie werden Erneuerungsprozesse untersucht, das sind spezielle Punktprozesse, die man anschaulich deuten kann etwa als eine Folge von zufälligen Zeitpunkten, in denen jeweils ein Element (z.B. ein Bauelement) nach seinem Ausfall durch ein neues ersetzt wird. Solche Prozesse haben Bedeutung für die Beschreibung einer Reihe von Zufallsvorgängen (Ankunft von Telefonanrufen an einer Vermittlung, Auftreten von Unfällen, Ausfallvorgänge bei technischen Anlagen, usw.). Darüber hinaus lassen sich viele Fragen, die bei den später zu behandelnden allgemeineren Semi-Markoff-Prozessen auftreten, auf die Behandlung von eingebetteten Erneuerungsprozessen zurückführen. Wegen der mathematischen Grundlagen der stochastischen Prozesse sei z.B. auf [Bauer] oder [Krickeberg] verwiesen.

1.2. Erneuerungsprozesse

1.2.1. Definition eines Erneuerungsprozesses

Es seien $X_1, X_2, X_3, \ldots$ unabhängige reelle zufällige Größen. Die Verteilungsfunktion von X_1 sei $F_1(x)$, während $X_2, X_3, \ldots$ die gemeinsame Verteilungsfunktion $F(x)$ haben. Es sei

$$F_1(x) = F(x) = 0 \quad \text{für } x \leqq 0 \tag{1.1}$$

(die Größen $X_1, X_2, \ldots$ sind also mit Wahrscheinlichkeit 1 positiv).

Dann bilden die zufälligen Größen

$$S_n = \sum_{i=1}^{n} X_i, \; n = 1,2,\ldots \tag{1.2}$$

einen Erneuerungsprozeß.

Anschaulich kann man die $S_n (n = 1,2,...)$ als Zeitpunkte von Erneuerungen deuten. Die erste Erneuerung findet zur Zeit $S_1 = X_1$ statt. Der Abstand zwischen der (n-1)-ten und der n-ten Erneuerung $(n > 1)$ ist X_n. Die X_n $(n \geqq 2)$ nennen wir Erneuerungsabstände. Ein Erneuerungsprozeß heißt gewöhnlich, wenn

$$F_1(x) \equiv F(x) \tag{1.3}$$

ist; er heißt stationär, wenn

$$F_1(x) = \frac{1}{\mu} \int_0^x [1-F(y)]\, dy \tag{1.4}$$

mit

$$\mu = \int_0^\infty [1-F(y)]\, dy = E(X_2) = E(X_3) = \ldots \tag{1.5}$$

gilt (vgl. 1.2.6.).

1.2.2. Die Anzahl der Erneuerungen

Mit $N(t)$ bezeichnen wir für $t > 0$ die Anzahl der Erneuerungen im Intervall $0 < x \leqq t$. Es gilt also

$$N(t) = \max\, (i: S_i \leqq t)\ . \tag{1.6}$$

Bei festem $t > 0$ ist $N(t)$ eine diskrete zufällige Größe, die die Werte 0,1,2,... annehmen kann. Ihre Verteilung hängt von der Verteilung der $S_i (i=1,2,...)$ ab. Offenbar ist $N(t)$ dann und nur dann höchstens gleich n, wenn S_{n+1} größer als t ist:

$$P\left\{N(t) \leqq n\right\} = P\left\{S_{n+1} > t\right\} = 1-P\left\{S_{n+1} \leqq t\right\}\ . \tag{1.7}$$

Wir bezeichnen mit $F_n(x)$ jetzt die Verteilungsfunktion von S_n:

$$F_n(x) = P\left\{S_n \leqq x\right\} = P\left\{\sum_{i=1}^n X_i \leqq x\right\},\ n = 1,2,\ldots\ . \tag{1.8}$$

Für $n > 1$ entsteht $F_n(x)$ durch Faltung der Verteilungsfunktionen $F_{n-1}(x)$ und $F(x)$:

$$F_n(x) = \int_0^x F_{n-1}(x-y)\, dF(y) \ . \tag{1.9}$$

(Alle hier benutzten Integrale sind als Lebesgue-Integrale bzw. Lebesgue-Stieltjes-Integrale (Radon-Stieltjes-Integrale) zu interpretieren. In den praktisch wichtigen Fällen existieren fast immer die entsprechenden Riemann-Integrale bzw. Riemann-Stieltjes-Integrale und sind mit den Lebesgue-Integralen bzw. Lebesgue-Stieltjes-Integralen identisch. Der mit Lebesgue-Integralen nicht vertraute Leser kann also ohne Bedenken alle Integrale im Riemannschen Sinn auffassen.)

Zur Abkürzung schreiben wir hiefür auch

$$F_n(x) = F_{n-1}(x) * F(x) \ . \tag{1.10}$$

Wenn zu $F(x)$ eine Wahrscheinlichkeitsdichte $f(x)$ gehört, d.h. wenn

$$F(x) = \int_0^x f(y)\, dy \tag{1.11}$$

gilt, so erhält (1.9) die Gestalt

$$F_n(x) = \int_0^x F_{n-1}(x-y)\, f(y)\, dy \ . \tag{1.12}$$

Gehört auch zu $F_1(x)$ eine Wahrscheinlichkeitsdichte $f_1(x)$, gilt also

$$F_1(x) = \int_0^x f_1(y) dy \ , \tag{1.13}$$

so hat S_n die Wahrscheinlichkeitsdichte $f_n(x)$, die für $n = 2,3,\ldots$ der Rekursionsformel

$$f_n(x) = \int_0^x f_{n-1}(x-y) f(y)\, dy \tag{1.14}$$

oder

$$f_n(x) = f_{n-1}(x) * F(x) \tag{1.15}$$

genügt.

Statt (1.7) können wir nun

$$P\{N(t) \leqq n\} = 1-F_{n+1}(t) \tag{1.16}$$

schreiben, woraus wegen

$$P\{N(t) = n\} = P\{N(t) \leqq n\} - P\{N(t) \leqq n-1\}$$

sofort

$$P\{N(t) = n\} = F_n(t)-F_{n+1}(t) , \quad n = 0,1,\ldots \text{ mit } F_o(t) \equiv 1 \tag{1.17}$$

folgt.

1.2.3. Die Erneuerungsfunktion

Den Erwartungswert von $N(t)$ nennen wir die Erneuerungsfunktion. Wir bezeichnen sie mit $H(t)$:

$$H(t) = E[N(t)] . \tag{1.18}$$

Aus (1.17) folgt sofort

$$H(t) = \sum_{n=0}^{\infty} n[F_n(t)-F_{n+1}(t)] = \sum_{n=1}^{\infty} F_n(t) . \tag{1.19}$$

Für $H(t)$ gilt stets [Feller II, S.183]

$$H(t) < \infty . \tag{1.20}$$

1.2.4. Die Erneuerungsdichte

Gehören zu $F(x)$ und $F_1(x)$ Wahrscheinlichkeitsdichten $f(x)$ und $f_1(x)$, gilt also (1.11) und (1.13), so haben wir

$$F_n(x) = \int_0^x f_n(y)dy \ .$$

Als Erneuerungsdichte $h(t)$ definieren wir dann

$$h(t) = \sum_{n=1}^{\infty} f_n(t) \ . \qquad (1.21)$$

Aus dem Satz von der monotonen Konvergenz (B. Lévi) folgt [Bauer, S.52]

$$\int_0^t h(x)dx = \sum_{n=1}^{\infty} \int_0^t f_n(x)dx = H(t) \ . \qquad (1.22)$$

Bei den Anwendungen kann man im allgemeinen annehmen, daß $f_1(x)$ fast überall beschränkt und stetig ist (d.h. es gibt eine Konstante C, so daß alle x mit $f_1(x) > C$ und alle Unstetigkeitsstellen von $f_1(x)$ in einer Menge vom Lebesgue-Maß 0 liegen).

Dann gilt an jeder Stetigkeitsstelle von $f_1(x)$

$$f_1(x) = F_1'(x) \ , \qquad (1.23)$$

und die $f_n(x)$ sind für $n \geqq 2$ beschränkt und überall stetig, d.h. es gilt

$$f_n(x) = F_n'(x) \ , \ n = 2,3,\ldots \qquad (1.24)$$

für alle x.

Dies ergibt sich aus folgendem

Satz 1.1:

Ist X eine zufällige Größe mit der fast überall beschränkten und stetigen Dichte $\varphi(x)$ und Y eine zufällige Größe mit einer Dichte g(x), dann hat X+Y eine beschränkte und überall stetige Dichte.

Beweis:

Die Dichte k(x) von X+Y ist

$$k(x) = \int_{-\infty}^{\infty} \varphi(x-y)g(y)dy = \int_{-\infty}^{\infty} \tilde{\varphi}(x-y)g(y)dy$$

mit einer überall beschränkten Funktion $\tilde{\varphi}(x)$, die fast überall mit $\varphi(x)$ übereinstimmt. Ist $\sup_{-\infty<x<\infty} \tilde{\varphi}(x) = \bar{\varphi} < \infty$, so gilt

$$k(x) \leqq \bar{\varphi} \int_{-\infty}^{\infty} g(y)dy = \bar{\varphi} < \infty ,$$

also ist k(x) beschränkt.

Weiter ist bei beliebigem festem x

$$k(x+\delta)-k(x) = \int_{-\infty}^{\infty} [\tilde{\varphi}(x-y+\delta)-\tilde{\varphi}(x-y)]\ g(y)dy .$$

Dabei konvergiert $[\tilde{\varphi}(x-y+\delta)-\tilde{\varphi}(x-y)]\ g(y)$ mit $\delta \to 0$ fast überall gegen Null und hat die integrierbare Majorante $\bar{\varphi}g(y)$. Nach dem Satz von der majorisierten Konvergenz (vgl. z.B. [Richter 7]) ist dann

$$\lim_{\delta \to 0} [k(x+\delta)-k(x)] = 0 \qquad \text{für alle } x .$$

Man kann zeigen, daß unter der genannten Voraussetzung ($f_1(x)$ fast überall beschränkt und stetig) die Reihe

$$h(t)-f_1(t) = f_2(t)+f_3(t) + \dots$$

in jedem endlichen Intervall gleichmäßig konvergiert. Daraus folgt mit (1.20) und (1.24)

$$\frac{d}{dt}\left[H(t)-F_1(t)\right] = h(t)-f_1(t)$$

und für jede Stetigkeitsstelle von $f_1(t)$ nach (1.23)

$$H'(t) = h(t) \; . \tag{1.25}$$

Außerdem ist h(t) an jeder Stetigkeitsstelle von $f_1(t)$ stetig und fast überall beschränkt. Insbesondere ist h(t) überall beschränkt und stetig, wenn $f_1(t)$ es ist.

Aus dem Grenzwertsatz 1.8 in 1.3.6. folgt, daß h(t) für hinreichend großes t stets > 0 ist.

1.2.5. Die Laplace-Transformierten von Erneuerungsfunktion und Erneuerungsdichte

Wir führen die Laplace-Transformierten ([Doetsch], [Widder])

$$H^*(s) = \int_0^\infty e^{-st}H(t)dt, \quad h^*(s) = \int_0^\infty e^{-st}h(t)dt \; ,$$

$$F^*(s) = \int_0^\infty e^{-st}F(t)dt, \quad f^*(s) = \int_0^\infty e^{-st}f(t)dt \; ,$$

$$F_n^*(s) = \int_0^\infty e^{-st}F_n(t)dt, \quad f_n^*(s) = \int_0^\infty e^{-st}f_n(t)dt$$

ein. Dabei ist

$$h^*(s) = sH^*(s) \,,$$
$$f^*(s) = sF^*(s) \,, \qquad (1.26)$$
$$f_n^*(s) = sF_n^*(s) \,.$$

Aus (1.10) folgt dann

$$F_n^*(s) = F_1^*(s)[sF^*(s)]^{n-1} \qquad (1.27)$$

und hiermit aus (1.19)

$$H^*(s) = \sum_{n=1}^{\infty} F_n^*(s) = \frac{F_1{}^*(s)}{1-sF^*(s)} \,. \qquad (1.28)$$

Aus (1.26) und (1.28) folgt sofort weiter

$$h^*(s) = \frac{f_1^*(s)}{1-f^*(s)} \,. \qquad (1.29)$$

1.2.6. <u>Charakterisierung der stationären Erneuerungsprozesse</u>

Für einen stationären Erneuerungsprozeß gilt

$$H(t) = \frac{t}{\mu} \qquad (1.30)$$

und folglich

$$h(t) = \frac{1}{\mu} \qquad (1.31)$$

mit dem Erwartungswert μ nach (1.5).

Zum Beweis benutzen wir die aus (1.4) folgende Beziehung

$$F_1^*(s) = \frac{1-sF^*(s)}{\mu s^2} \,, \qquad (1.32)$$

die zusammen mit (1.28) sofort

$$H^{*}(s) = \frac{1}{\mu s^2} \quad , \tag{1.33}$$

d.h. aber die Behauptung (1.30) liefert.

Ist umgekehrt (1.30) erfüllt, so folgt aus (1.28) und (1.33) sofort (1.32) und hieraus (1.4).

Die Beziehungen (1.4) und (1.30) sind also äquivalente Charakterisierungen eines stationären Erneuerungsprozesses.

1.2.7. Der Poissonprozeß

Der durch

$$F_1(x) = F(x) = 1-e^{-\lambda x}(\lambda > 0) \tag{1.34}$$

definierte gewöhnliche Erneuerungsprozeß heißt Poissonprozeß. Für den Poissonprozeß gilt

$$f_n(x) = \lambda \frac{(\lambda x)^{n-1}}{(n-1)!} e^{-\lambda x} , \tag{1.35}$$

$$F_n(x) = \sum_{i=n}^{\infty} \frac{(\lambda x)^i}{i!} e^{-\lambda x} = 1- \sum_{i=0}^{n-1} \frac{(\lambda x)^i}{i!} e^{-\lambda x} . \tag{1.36}$$

Aus (1.21) und (1.35) folgt sofort

$$h(t) = \sum_{n=1}^{\infty} \lambda \frac{(\lambda t)^{n-1}}{(n-1)!} e^{-\lambda t} = \lambda \tag{1.37}$$

und hieraus wegen (1.22)

$$H(t) = \lambda t \tag{1.38}$$

mit

$$\frac{1}{\lambda} = E(X_1) = E(X_2) = \dots .$$

Nach (1.35) und (1.38) ist ein Poissonprozeß sowohl gewöhnlich als auch stationär. Man sieht leicht, daß nur die Poissonprozesse diese Eigenschaft haben: Aus $F_1^*(s) = F^*(s)$ (Gewöhnlichkeit) und (1.32) (Stationarität) folgt nämlich

$$F_1^*(s) = F^*(s) = \frac{1}{s(1+\mu s)}$$

und hieraus (1.35) mit $\lambda = 1/\mu$.

Aus (1.17) und (1.36) folgt

$$P\left\{N(t) = n\right\} = \frac{(\lambda t)^n}{n!} e^{-\lambda t} . \tag{1.39}$$

Die Anzahl der Erneuerungen bis zur Zeit t genügen beim Poissonprozeß also einer Poissonverteilung mit dem Erwartungswert λt. Dagegen ist der Poissonprozeß durch die Eigenschaft (1.39) allein nicht charakterisiert. Man kann nämlich Punktprozesse konstruieren, die keine Erneuerungsprozesse sind und die Eigenschaft (1.39) haben. Eindeutig festgelegt wird der Poissonprozeß durch folgende Eigenschaft:

Ein Punktprozeß mit der Anzahl $N(t)$ von Erneuerungen ist dann und nur dann ein Poissonprozeß (mit $F_1(x)=F(x)=1-e^{-\lambda x}$), wenn für eine beliebige Intervalleinteilung $0 \leqq u_1 < t_1 \leqq u_2 < t_2 \leqq \ldots \leqq u_k < t_k$ gilt

$$P\left\{\bigcap_{i=1}^{k} [N(t_i)-N(u_i)=n_i]\right\} = \prod_{i=1}^{k} \frac{[\lambda(t_i-u_i)]^{n_i}}{n_i!} e^{-\lambda(t_i-u_i)} , \tag{1.40}$$

d.h. wenn die Anzahlen $N(t_i-u_i)$ der Erneuerungen in den Intervallen $(u_i, t_i]$ unabhängig voneinander poissonverteilt sind mit den Parametern $\lambda(t_i-u_i)$ [Doob] .

1.2.8. Die Verteilung der Anzahl der Erneuerungen in einem Intervall

Für die Anzahl N(t)-N(u) der Erneuerungen im Intervall (u,t] gilt der folgende

Satz 1.2 [Franken 7]:

Es ist

$$P\left\{N(t)-N(u) \geqq k\right\} = \int_u^t [F_{k-1}(t-x)-F_k(t-x)]dH(x) , \qquad (1.41)$$

für $k \geqq 1$, $F_o(x) \equiv 1$.

Der Erwartungswert von N(t)-N(u) ist natürlich

$$E[N(t)-N(u)] = E[N(t)]-E[N(u)] = H(t)-H(u) . \qquad (1.42)$$

Aus (1.41) folgt für stationäre Prozesse

$$P\left\{N(t)-N(u) \geqq k\right\} = \frac{1}{\mu} \int_0^{t-u} [F_{k-1}(x)-F_k(x)]dx . \qquad (1.43)$$

Hier hängt also die Verteilung der Anzahl der Erneuerungen nur noch von der Länge t-u des Intervalles, nicht aber von u ab. Mit (1.7) und (1.8) folgt daraus

$$P\left\{N(t)-N(u) \geqq k\right\} = P\left\{N(t-u) \geqq k\right\} = F_k(t-u) . \qquad (1.44)$$

1.2.9. Die Zeit bis zur nächsten Erneuerung

Mit V(t) bezeichnen wir die Zeit vom (beliebigen) Zeitpunkt $t \geqq 0$ bis zur nächsten Erneuerung:

$$V(t) = \min (S_i : S_i > t)-t . \qquad (1.45)$$

Für die Verteilung von V(t) gilt:

$$P\left\{V(t) \leqq x\right\} = \int_{t}^{t+x} [1-F(t+x-y)]\, dH(y) . \tag{1.46}$$

(Diese Formel folgt unmittelbar aus (1.41) mit k = 1.)

Für den stationären Prozeß ergibt sich nach (1.44) mit k = 1

$$P\left\{V(t) \leqq x\right\} = F_1(x) = \frac{1}{\mu} \int_{0}^{x} [1-F(y)]dy . \tag{1.47}$$

Wir haben hier also das Ergebnis, daß die Verteilung der Zeit bis zur nächsten Erneuerung unabhängig von t gleich der Verteilung von X_1 (der Zeit bis zur ersten Erneuerung) ist. Speziell für den Poissonprozeß gilt also

$$P\left\{V(t) \leqq x\right\} = 1-e^{-\lambda x} = F_1(x) = F(x) . \tag{1.48}$$

Für den Erwartungswert von V(t) gilt eine einfache Beziehung zur Erneuerungsfunktion H(t):

Satz 1.3:

Es ist

$$E[V(t)] = \mu_1+\mu H(t)-t \tag{1.49}$$

mit

$$\mu_1 = E(X_1) = \int_{0}^{\infty} [1-F_1(x)]\, dx . \tag{1.50}$$

Beweis (vgl. auch [Johnson 7])

Aus (1.19) folgt

$$\int_{0}^{z} F(z-x)dH(x) = H(z)-F_1(z)$$

und damit

$$\int_{0}^{z} [1-F(z-x)]dH(x) = F_1(z) . \tag{1.51}$$

Für $E[V(t)]$ gilt

$$E[V(t)] = \int_0^\infty [1-P\{V(t) \leqq x\}]dx . \tag{1.52}$$

Dabei ist nach (1.46)

$$P\{V(t)\leqq x\} = \int_0^{t+x} [1-F(t+x-y)]dH(y) - \int_0^t [1-F(t+x-y)]dH(y) ,$$

also nach (1.51) (mit $z = t+x$)

$$P\{V(t)\leqq x\} = F_1(t+x) - \int_0^t [1-F(t+x-y)]dH(y) . \tag{1.53}$$

Durch Einsetzen von (1.53) in (1.52) erhalten wir

$$E[V(t)] = \int_0^\infty [1-F_1(t+x)]dx + \int_{x=0}^\infty [\int_{y=0}^t [1-F(t+x-y)]dH(y)]dx$$

$$= \int_t^\infty [1-F_1(x)]dx + \int_{y=0}^t [\int_{z=t-y}^\infty [1-F(z)]dz]dH(y) =$$

$$= \int_t^\infty [1-F_1(x)]dx + \int_{y=0}^t [\mu - \int_{z=0}^{t-y} [1-F(z)]dz]dH(y) =$$

$$= \int_t^\infty [1-F_1(x)]dx + \mu H(t) - \int_{y=0}^t [\int_{z=0}^{t-y} [1-F(z)]dz]dH(y) . \tag{1.54}$$

Aus (1.51) folgt durch Integration und Vertauschung der Integrationen

$$\int_0^t F_1(z)dz = \int_{y=0}^t [\int_{z=0}^{t-y} [1-F(z)]dz]dH(y) , \tag{1.55}$$

so daß wir aus (1.54) und (1.55) unter Benutzung von

$$\int_0^t F_1(z)dz = t - \int_0^t [1-F_1(z)]dz$$

und

$$\int_0^\infty [1-F_1(z)]dz = \mu_1$$

die Behauptung (1.49) erhalten.

Für den gewöhnlichen Prozeß gilt wegen $\mu_1 = \mu$ also

$$E[V(t)] = \mu[H(t)+1] - t \,. \tag{1.56}$$

Für den stationären Prozeß ist $H(t) = t/\mu$, also

$$E[V(t)] = \mu_1 \;; \tag{1.57}$$

außerdem ist nach (1.4)

$$f_1(x) = \frac{1}{\mu}[1-F(x)]$$

und daher

$$\mu_1 = \int_0^\infty x f_1(x)dx = \frac{1}{\mu}\int_0^\infty x[1-F(x)]dx = \frac{1}{2\mu}E(X_2^2) = \frac{1}{2\mu}E(X_3^2) = \ldots =$$

$$= \frac{\sigma^2+\mu^2}{2\mu} \tag{1.58}$$

mit $\sigma^2 = Var(X_2) = Var(X_3) = \ldots$.

Aus (1.57) und (1.58) folgt für den stationären Prozeß

$$E[V(t)] = \frac{\sigma^2+\mu^2}{2\mu} \,. \tag{1.59}$$

Beim stationären Prozeß hängt die mittlere Zeit $E[V(t)]$ bis zur nächsten Erneuerung also nur vom mittleren Abstand μ der Erneuerungen und von der Varianz σ^2 dieser Abstände ab. Das führt zu dem zunächst überraschenden Ergebnis, daß $E[V(t)]$ für $\sigma^2 > \mu^2$ größer als der mittlere Erneuerungsabstand μ wird. Im Einzelnen gilt

$$E[V(t)] > \mu \quad \text{für } \sigma^2 > \mu^2 , \tag{1.60}$$

$$E[V(t)] = \mu \quad \text{für } \sigma^2 = \mu^2 , \tag{1.61}$$

$$E[V(t)] < \mu \quad \text{für } \sigma^2 < \mu^2 . \tag{1.62}$$

Schließlich gilt wegen $\sigma^2 > 0$ (den Fall $\sigma = 0$, d.h. konstante Erneuerungsabstände, wollen wir ausschließen) stets

$$E[V(t)] > \frac{\mu}{2} . \tag{1.63}$$

1.3. Grenzwertsätze

1.3.1. Vorbemerkung

Von besonderer Bedeutung sind die folgenden Grenzwertsätze, die Aussagen über das asymptotische Verhalten von Erneuerungsprozessen für große t machen. Diese Aussagen bedeuten anschaulich, daß sich das Verhalten weitgehend beliebiger Erneuerungsprozesse mit $t \to \infty$ dem Verhalten der zugehörigen stationären Prozesse nähert. Dabei wollen wir immer voraussetzen, daß die Verteilungsfunktion $F(x)$ nicht "arithmetisch" (engl. arithmetic) ist. Eine Verteilungsfunktion heißt arithmetisch, wenn sie nur bei Vielfachen einer Größe $\lambda > 0$ Sprungstellen besitzt und sonst konstant ist. Eine arithmetische Verteilungsfunktion ist also eine Treppenfunktion, deren Stufenbreiten Vielfache von λ sind (vgl. 10.1.).

1.3.2. Der verallgemeinerte Satz von Blackwell

Für die Erneuerungsfunktion H(t) gilt

Satz 1.4 (verallgemeinerter Satz von Blackwell):

Es ist

$$\lim_{t \to \infty} [H(t-x)-H(t)] = \frac{x}{\mu} . \tag{1.64}$$

Dieser Satz, der besagt, daß die mittlere Anzahl der Erneuerungen im Intervall $(t,t+x]$ mit $t \to \infty$ gegen x/μ strebt, wurde 1948 für gewöhnliche Erneuerungsprozesse von [Blackwell] bewiesen und 1962 von [1. Takacs] auf beliebige Erneuerungsprozesse verallgemeinert.

1.3.3. Der Fundamentalsatz der Erneuerungstheorie

Aus dem verallgemeinerten Satz von Blackwell folgt, wie in [Feller II] bewiesen wird, ein wichtiger Satz, der oft als Fundamentalsatz der Erneuerungstheorie bezeichnet wird.

Satz 1.5 (Fundamentalsatz der Erneuerungstheorie):

Es sei $g(x) \geqq 0$ eine Funktion mit $g(x) = 0$ für $x < 0$, und es existiere das Riemannsche Integral

$$\int_0^\infty g(x)dx .$$

Dann gilt

$$\lim_{t \to \infty} \int_0^t g(t-x)dH(x) = \frac{1}{\mu} \int_0^\infty g(x)dx . \tag{1.65}$$

Umgekehrt folgt Satz 1.4 leicht aus Satz 1.5. Zum Beweis ([Feller II]) setze man in Satz 1.5

$$g(x) = \begin{cases} 1 & \text{für } 0 \leqq x < y \\ 0 & \text{sonst,} \end{cases}$$

dann folgt

$$\lim_{t\to\infty} \int_0^t g(t-x)dH(x) = \lim_{t\to\infty} \int_{x>t-y}^{t} dH(x) =$$

$$= \lim_{t\to\infty} [H(t)-H(t-y)] = \frac{1}{\mu} \int_0^y dx = \frac{y}{\mu} .$$

Die Sätze 1.4 und 1.5 sind also äquivalent.

Auch alle folgenden Grenzwertsätze lassen sich mit Hilfe des Fundamentalsatzes beweisen.

1.3.4. Grenzwertsatz für die Verteilung der Zeit bis zur nächsten Erneuerung

Für die Verteilung der Zeit bis zur nächsten Erneuerung gilt der folgende

Satz 1.6:

Es ist

$$\lim_{t\to\infty} P\left\{V(t) \leqq x\right\} = \frac{1}{\mu} \int_0^x [1-F(y)]\, dy . \tag{1.66}$$

Vergleichen wir dies mit der Gleichung (1.47) für den zugehörigen stationären Prozeß, so sehen wir, daß die Verteilungsfunktion von $V(t)$ mit $t\to\infty$ gegen die Verteilungsfunktion von $V(t)$ bei stationärem Verhalten strebt.

Beweis:

Setzt man in Satz 1.5

$$g(x) = 1-F(x+y) ,$$

so folgt

$$\lim_{t\to\infty} \int_0^t [1-F(t-x+y)]dH(x) = \frac{1}{\mu}\int_0^\infty [1-F(x+y)]\,dx =$$

$$= \frac{1}{\mu}\int_y^\infty [1-F(z)]\,dz = 1-\frac{1}{\mu}\int_0^y [1-F(z)]\,dz \;,$$

also auch

$$\lim_{t\to\infty} \int_0^t [1-F(t+x-y)]dH(y) = 1-\frac{1}{\mu}\int_0^x [1-F(y)]\,dy \;. \tag{1.67}$$

Mit (1.53) folgt daraus wegen

$$\lim_{t\to\infty} F_1(t+x) = 1$$

die Behauptung.

1.3.5. Grenzwertsatz für die Erneuerungsfunktion

Satz 1.7:

Es ist

$$\lim_{t\to\infty} [H(t)-\frac{t}{\mu}] = \frac{\sigma^2+\mu^2}{2\mu^2} - \frac{\mu_1}{\mu} \;. \tag{1.68}$$

Aus diesem sehr scharfen Grenzwertsatz, der aussagt, daß die Differenz zwischen H(t) und t/μ mit $t\to\infty$ gegen eine Konstante strebt, folgt sofort die schwächere Aussage

$$\lim_{t\to\infty} \frac{H(t)}{t} = \mu \;. \tag{1.69}$$

Beweis von Satz 1.7:

Aus (1.55) folgt

$$\int_0^t \left[\frac{1}{\mu}\int_{t-x}^{\infty}[1-F(y)]\,dy\right] dH(x) = \int_0^t \left[1-\frac{1}{\mu}\int_0^{t-x}[1-F(y)]dy\right] dH(x) =$$

$$= H(t)-\frac{1}{\mu}\int_0^t F_1(z)\,dz = H(t)-\frac{t}{\mu}+\frac{1}{\mu}\int_0^t [1-F_1(z)]\,dz \ .$$

Also gilt

$$\lim_{t\to\infty}\left[H(t)-\frac{t}{\mu}\right]+\frac{\mu_1}{\mu} = \lim_{t\to\infty}\int_0^t \left[\frac{1}{\mu}\int_{t-x}^{\infty}[1-F(y)]dy\right] dH(x). \quad (1.70)$$

Setzt man in Satz 1.5

$$g(x) = \frac{1}{\mu}\int_x^{\infty}[1-F(y)]\,dy \ ,$$

so erhält man

$$\lim_{t\to\infty}\int_0^t \left[\frac{1}{\mu}\int_{t-x}^{\infty}[1-F(y)]dy\right] dH(x)=\frac{1}{\mu^2}\int_0^{\infty}\left[\int_x^{\infty}[1-F(y)]dy\right] dx. \quad (1.71)$$

Durch Vertauschung der Integrationen bekommt man (vgl. (1.58))

$$\frac{1}{\mu^2}\int_0^{\infty}\left[\int_x^{\infty}[1-F(y)]\,dy\right] dx = \frac{1}{\mu^2}\int_0^{\infty} y[1-F(y)]\,dy =$$

$$= \frac{\sigma^2+\mu^2}{2\mu^2}\ . \quad (1.72)$$

Aus (1.70), (1.71) und (1.72) folgt (1.69).

1.3.6. Grenzwertsatz für die Erneuerungsdichte

Falls die Erneuerungsdichte h(t) existiert, gilt der

Satz 1.8:

Es ist

$$\lim_{t\to\infty} [h(t)-f_1(t)] = \frac{1}{\mu}. \tag{1.73}$$

Falls $\lim_{t\to\infty} f_1(t) = 0$, gilt also

$$\lim_{t\to\infty} h(t) = \frac{1}{\mu}.$$

Beweis:

Aus (1.21) folgt

$$h(t) = f_1(t) + \int_0^t f(t-x)h(x)dx$$

und hieraus nach Satz 1.5

$$\lim_{t\to\infty} [h(t)-f_1(t)] = \frac{1}{\mu}\int_0^\infty f(x)dx = \frac{1}{\mu}.$$

1.3.7. Grenzwertsatz für die mittlere Zeit bis zur nächsten Erneuerung

Satz 1.9:

Es ist

$$\lim_{t\to\infty} E[V(t)] = \frac{\sigma^2+\mu^2}{2\mu}. \tag{1.74}$$

Der Erwartungswert der Zeit bis zur nächsten Erneuerung strebt also mit $t\to\infty$ gegen den zeitunabhängigen Erwartungswert beim stationären Prozeß (vgl. (1.59)).

Beweis:

Die Behauptung folgt aus (1.49) und (1.68).

1.4. Berechnung von Erneuerungsfunktionen

Führen wir die Größen

$$H_n(t) = \sum_{i=1}^{n} F_i(t) \tag{1.75}$$

ein, so bilden $H_1(t)$, $H_2(t)$,... für jedes t eine monoton zunehmende Folge mit

$$\lim_{n\to\infty} H_n(t) = H(t) .$$

Man kann also H(t) beliebig genau approximieren, indem man sukzessiv die Funktionen $H_n(t)$ berechnet. Nun folgt aber aus (1.9) sofort die Beziehung

$$H_n(t) = \int_0^t H_{n-1}(t-x)\,dF(x) + F_1(t) , \tag{1.76}$$

$$n = 2,3,...$$

mit

$$H_1(t) = F_1(t) . \tag{1.77}$$

Damit kann man nun rekursiv die $H_n(t)$ ermitteln. Sind die dabei auftretenden Ausdrücke geschlossen integrierbar, so wird man die Integrationen ausführen. Andernfalls kann man die Integrationen mit numerischen Methoden durchführen.

Schließlich besteht noch die Möglichkeit, über die Laplace-Transformation und ihre Umkehrung die Erneuerungsfunktion bzw. die Erneuerungsdichte zu bestimmen. Hierauf wollen wir hier nicht näher eingehen. Für eine spezielle Klasse von Erneuerungsprozessen wollen wir aber die Erneuerungsfunktion und die Erneuerungsdichte angeben, nämlich für die gewöhnlichen Erneuerungsprozesse mit der Verteilungsfunktion

$$F_1(x) = F(x) = 1-e^{-kt/\mu}\left(1+(kt/\mu)+\ldots+\frac{(kt/\mu)^{k-1}}{(k-1)!}\right) \tag{1.78}$$

(spezielle Erlangverteilung mit Parameter k, Erwartungswert μ).

Für diesen Fall gilt nämlich

$$F_n(t) = 1-e^{-kt/\mu}\left(1+(kt/\mu)+\ldots+\frac{(kt/\mu)^{nk-1}}{(nk-1)!}\right) \tag{1.79}$$

und

$$f_n(t) = \frac{k}{\mu}\,\frac{(kt/\mu)^{nk-1}}{(nk-1)!}\; e^{-kt/\mu} \,, \tag{1.80}$$

woraus sofort

$$H(t)= \sum_{n=1}^{\infty}\left[1-\sum_{i=0}^{nk-1}\frac{(kt/\mu)^i}{i!}\; e^{-kt/\mu}\right] = \sum_{n=1}^{\infty}\sum_{i=nk}^{\infty}\frac{(kt/\mu)^i}{i!}\; e^{-kt/\mu} \tag{1.81}$$

und

$$h(t) = \frac{k}{\mu}\sum_{n=1}^{\infty}\frac{(kt/\mu)^{nk-1}}{(nk-1)!}\; e^{-kt/\mu} \tag{1.82}$$

folgt. Mit Hilfe einer Tabelle der Poissonwahrscheinlichkeiten [Molina] sind diese Ausdrücke leicht zu berechnen.

Man kann (unter Verwendung der Laplace-Transformierten) für H(t) und h(t) auch andere geschlossene Ausdrücke finden, die für kleine k übersichtlicher als (1.81) und (1.82) sind und allgemein erkennen lassen, daß für k $\geq$ 3 exponentiell abklingende periodische Terme auftreten.

Es gilt mit den Abkürzungen

$$\alpha = \pi/k \qquad \text{und} \qquad \tau = kt/\mu$$

<u>für gerades k:</u>

$$H(t)= \frac{t}{\mu} - \frac{k-1}{2k} + \frac{1}{2k}\, e^{-2\tau} + \frac{1}{k}\, e^{-\tau} \sum_{j=1}^{(k-2)/2} \frac{e^{\tau\cos(2j\alpha)}}{\sin(j\alpha)} \sin[\tau\sin(2j\alpha)+j\alpha], \tag{1.83}$$

$$h(t)= \frac{1}{\mu} - \frac{1}{\mu}\, e^{-2\tau} + \frac{2}{\mu}\, e^{-\tau} \sum_{j=1}^{(k-2)/2} e^{\tau\cos(2j\alpha)} \cos[\tau\sin(2j\alpha)+2j\alpha], \tag{1.84}$$

<u>für ungerades k:</u>

$$H(t)= \frac{t}{\mu} - \frac{k-1}{2k} + \frac{1}{k}\, e^{-\tau} \sum_{j=1}^{(k-1)/2} \frac{e^{\tau\cos(2j\alpha)}}{\sin(j\alpha)} \sin[\tau\sin(2j\alpha)+j\alpha], \tag{1.85}$$

$$h(t)= \frac{1}{\mu} + \frac{2}{\mu}\, e^{-\tau} \sum_{j=1}^{(k-1)/2} e^{\tau\cos(2j\alpha)} \cos[\tau\sin(2j\alpha)+2j\alpha] \tag{1.86}$$

(für k = 1 und k = 2 sind die Summenausdrücke gleich Null zu setzen).

Beispielsweise erhalten wir für k = 1,2,3,4:

<u>k=1:</u> $H(t) = \frac{t}{\mu}$, (Poissonprozeß)

$h(t) = \frac{1}{\mu}$.

<u>k=2:</u> $H(t) = \frac{t}{\mu} - \frac{1}{4} + \frac{1}{4}\, e^{-4t/\mu}$,

$h(t) = \frac{1}{\mu} - \frac{1}{\mu}\, e^{-4t/\mu}$.

k=3: $H(t) = \frac{t}{\mu} - \frac{1}{3} + \frac{2\sqrt{3}}{9} e^{-9t/(2\mu)} \sin(\frac{3\sqrt{3}}{2} \frac{t}{\mu} + \frac{\pi}{3})$,

$h(t) = \frac{1}{\mu} + \frac{2}{\mu} e^{-3t/(2\mu)} \cos(\frac{3\sqrt{3}}{2} \frac{t}{\mu} + \frac{2\pi}{3})$.

k=4: $H(t) = \frac{t}{\mu} - \frac{3}{8} + \frac{1}{8} e^{-8t/\mu} + \frac{\sqrt{2}}{4} e^{-4t/\mu} \sin(\frac{4t}{\mu} + \frac{\pi}{4})$,

$h(t) = \frac{1}{\mu} - \frac{1}{\mu} e^{-8t/\mu} + \frac{2}{\mu} e^{-4t/\mu} \cos(\frac{4t}{\mu} + \frac{\pi}{2})$.

1.5. Überlagerung von Erneuerungsprozessen

Sind n voneinander unabhängige Erneuerungsprozesse gegeben, so kann man die Gesamtheit aller Erneuerungen dieser Prozesse wieder als einen Punktprozeß betrachten. Dieser "Überlagerungsprozeß" ist im allgemeinen kein Erneuerungsprozeß mehr. Dagegen gilt, wie man leicht zeigen kann, für die Poissonprozesse, daß sie bei der Überlagerung wieder einen Poissonprozeß ergeben:

Satz 1.10:

Sind n Poissonprozesse mit den Parametern $\lambda_1,\ldots,\lambda_n$ gegeben, so bildet die Gesamtheit aller Erneuerungen dieser Prozesse wieder einen Poissonprozeß mit dem Parameter $\lambda = \lambda_1+\ldots+\lambda_n$.

Für jeden Überlagerungsprozeß kann man (auch wenn er kein Erneuerungsprozeß ist) die Erneuerungsfunktion H(t) als Erwartungswert der Anzahl aller Erneuerungen bis zur Zeit t definieren. Aus der Additivität der Erwartungswerte folgt dann sofort

$$H(t) = H_1(t)+\ldots+H_n(t) , \tag{1.87}$$

wenn $H_1(t),\ldots,H_n(t)$ die Erneuerungsfunktionen der einzelnen Erneuerungsprozesse sind. Entsprechend gilt für die Erneuerungsdichte

$$h(t) = h_1(t)+\ldots+h_n(t) . \tag{1.88}$$

Unmittelbar praktische Bedeutung gewinnen diese Formeln für die Beurteilung der Ausfallhäufigkeit von Anlagen, bei denen jedes ausgefallene Bauelement sofort durch ein gleichartiges neues Bauelement ersetzt wird. Jeder Ausfall eines Bauelementes und alle Ausfälle der "Nachfolger" dieses Bauelementes bilden dann einen Erneuerungsprozeß. Die Gesamtheit aller Ausfälle der Anlage bilden dann den entsprechenden Überlagerungsprozeß, dessen Erneuerungsfunktion und Erneuerungsdichte sich nach (1.87) und (1.88) aus den Summen der Erneuerungsfunktionen bzw. Erneuerungsdichten der n Einzelprozesse (n: Anzahl der eingebauten Bauelemente) berechnen lassen.

Sind die einzelnen Erneuerungsprozesse alle stationär mit den Erneuerungsdichten $1/\mu_i$ $(i = 1,\ldots,n)$ und den Verteilungsfunktionen $F^{(i)}(x)$, so ist die Verteilungsfunktion $F(x)$ des Erneuerungsabstandes des Überlagerungsprozesses unabhängig vom Zeitpunkt der Erneuerung, mit der dieser Abstand beginnt. Es gilt

$$1-F(x)= \frac{1}{\frac{1}{\mu_1}+\ldots+\frac{1}{\mu_n}} \sum_{i=1}^{n} \frac{1-F^{(i)}(x)}{\mu_i} \prod_{\substack{k=1\\k\neq i}}^{n} \frac{1}{\mu_k} \int_x^{\infty} [1-F^{(k)}(y)]dy =$$

$$= - \frac{1}{\frac{1}{\mu_1}+\ldots+\frac{1}{\mu_n}} \frac{d}{dx} \prod_{i=1}^{n} \int_x^{\infty} \frac{1-F^{(i)}(y)}{\mu_i} dy . \qquad (1.89)$$

Hieraus erhält man sofort den mittleren Erneuerungsabstand des Überlagerungsprozesses:

$$\mu = \int_0^{\infty} [1-F(x)]\, dx = \frac{1}{\frac{1}{\mu_1}+\ldots+\frac{1}{\mu_n}} \prod_{i=1}^{n} \int_0^{\infty} \frac{1-F^{(i)}(y)}{\mu_i} dy = \frac{1}{\frac{1}{\mu_1}+\ldots+\frac{1}{\mu_n}}$$

oder

$$\frac{1}{\mu} = \frac{1}{\mu_1} +\ldots+ \frac{1}{\mu_n} . \qquad (1.90)$$

2. Beschreibung von Semi-Markoff-Prozessen

2.1. Stochastische Prozesse

Einen stochastischen Prozeß beschreiben wir durch eine Familie $Z(t)$ von zufälligen Größen: Jedem Element t aus einer Indexmenge T wird eine zufällige Größe zugeordnet. Wir verwenden als Indexmenge hauptsächlich den Bereich der nicht negativen reellen Zahlen und deuten $t \geq 0$ als die Zeit. Die zufällige Größe $Z(t)$ beschreibt den Zustand eines Systems zur Zeit t. Sie kann Werte aus einem Zustandsraum M annehmen. Im folgenden nehmen wir immer M als endlich an und schreiben $M = \{1,\dots,m\}$ (m Anzahl der verschiedenen Zustände).

2.2. Markoff-Ketten

Eine Markoff-Kette ist ein spezieller stochastischer Prozeß mit folgenden Eigenschaften:

Die Indexmenge t durchläuft die nicht negativen ganzen Zahlen $0,1,2,\dots$. Wir schreiben deswegen auch n statt t und sagen, daß "beim n-ten Schritt der Zustand i eintritt", wenn $Z(n) = i$ ist. Vorgegeben ist die Verteilung $P\{Z(0) = i\}$, $i = 1,\dots,m$ von $Z(0)$. Weiter ist für $n \geqq 0$

$$P\left\{Z(n+1)=j \mid Z(0)=i_0,\dots,Z(n-1)=i_{n-1},Z(n)=i\right\} =$$

$$= P\left\{Z(n+1)=j \mid Z(n)=i\right\} = p_{ij};\ i,j=1,\dots,m \tag{2.1}$$

mit von n unabhängigen Wahrscheinlichkeiten p_{ij}, die wir Übergangswahrscheinlichkeiten nennen. Offenbar gilt

$$p_{ij} \geqq 0,\ \sum_{j=1}^{m} p_{ij} = 1 . \tag{2.2}$$

(Für alle Indizes i,j,... gilt im folgenden, falls kein Wertebereich angegeben wird, der Bereich i,j,... = 1,...,m.) Weiter ist, wenn wir die Bezeichnung

$$p_i(n) = P\{Z(n) = i\}, \quad n = 0,1,\ldots$$

einführen, nach (2.1) und nach der Regel von der totalen Wahrscheinlichkeit (vgl. z.B. [Feller I, 3. Aufl., S.116])

$$p_j(n+1) = \sum_{i=1}^{m} p_i(n)p_{ij} \; . \tag{2.3}$$

Die bedingte Wahrscheinlichkeit, daß beim n-ten Schritt (n = 1,2,...) der Zustand j eintritt, wenn zu Beginn der Zustand i besteht (d.h. wenn Z(0) = i ist), bezeichnen wir mit $p_{ij}^{(n)}$:

$$p_{ij}^{(n)} = P\{Z(n) = j \,|\, Z(0) = i\} \; . \tag{2.4}$$

Für n = 0 setzen wir

$$p_{ij}^{(0)} = \begin{cases} 1 & \text{für } j = i \\ 0 & \text{für } j \neq i \; . \end{cases} \tag{2.5}$$

Ein Zustand i heißt <u>periodisch</u>, wenn es eine natürliche Zahl $\lambda > 1$ gibt, so daß

$$p_{ii}^{(n)} = 0 \quad \text{für } n \neq \lambda, 2\lambda, \ldots \tag{2.6}$$

gilt. Im anderen Fall heißt i <u>aperiodisch</u>. Die größte natürliche Zahl λ, für die (2.6) gilt, heißt die Periode des Zustandes i. Wir bezeichnen mit $\pi_{ij}^{(n)}$ die bedingte Wahrscheinlichkeit, daß beim n-ten Schritt zum ersten Mal der Zustand j eintritt, wenn zu Beginn der Zustand i besteht. Weiter sei

$$\pi_{ij} = \sum_{n=1}^{\infty} \pi_{ij}^{(n)}$$

und

$$\varrho_i = \sum_{n=1}^{\infty} n\pi_{ii}^{(n)} .$$

Offenbar ist π_{ij} die Wahrscheinlichkeit, daß nach dem Zustand i der Zustand j überhaupt wieder auftritt, und ϱ_i ist die mittlere Wiederkehrzeit des Zustandes i.

Der Zustand i heißt wiederkehrend (engl. persistent oder recurrent), wenn $\pi_{ii} = 1$ ist, dagegen durchgehend (transient), wenn $\pi_{ii} < 1$ ist. Ein wiederkehrender Zustand i heißt Nullzustand, wenn $\varrho_i = \infty$ ist.

Ein aperiodischer wiederkehrender Zustand i mit $\varrho_i < \infty$ heißt ergodisch.

Wir sagen, daß der Zustand j vom Zustand i aus erreichbar ist, wenn es ein $n \geqq 0$ gibt, so daß

$$p_{ij}^{(n)} > 0$$

ist. Insbesondere ist wegen (2.5) jeder Zustand von sich selbst aus erreichbar.

Ist vom Zustand i aus kein anderer Zustand erreichbar, so heißt i absorbierend.

Eine Markoff-Kette, bei der jeder Zustand von jedem anderen Zustand aus erreichbar ist, nennen wir irreduzibel.

Für Markoff-Ketten mit endlich vielen Zuständen gilt [Feller I] der folgende

Satz 2.1:

Eine irreduzible Markoff-Kette mit endlich vielen Zuständen besitzt nur wiederkehrende Zustände. Diese sind entweder sämtlich aperiodisch oder sämtlich periodisch mit der gleichen Periode.

Dieser Satz gibt Anlaß zu der folgenden Definition:

Eine irreduzible Markoff-Kette mit endlich vielen Zuständen heißt periodisch, wenn sie einen periodischen Zustand (und damit lauter periodische Zustände mit der gleichen Periode) hat. Im anderen Fall heißt sie aperiodisch.

2.3. Semi-Markoff-Prozesse

Eine Markoff-Kette können wir als einen stochastischen Prozeß deuten, dessen Zustandsdauerngleich der Zeiteinheit sind. Dabei können evtl. mehrere gleiche Zustände aufeinander folgen. Wir erhalten allgemeinere Prozesse, wenn wir die Zustandsdauern als zufällige Größen auffassen, deren Verteilung vom Index des Zustandes und vom Index des nachfolgenden Zustandes abhängen kann. Diese Klasse der sogenannten Semi-Markoff-Prozesse wollen wir jetzt definieren [Pyke].

Dazu führen wir zufällige Größen J_n, $n = 1,2,\ldots$ ein, die jeweils den Zustand vor dem n-ten Übergang beschreiben (J_1 ist der Anfangszustand). Weiter sei X_n, $n = 1,2,\ldots$ die Dauer des Zustandes J_n. Die Anfangsverteilung geben wir durch die Wahrscheinlichkeiten

$$A_{ij}(x) = P\left\{(J_1=i)\cap(X_1\leq x)\cap(J_2=j)\right\} \quad ; \qquad (2.7)$$

$$i,j = 1,\ldots,m \text{ mit } A_{ij}(x) = 0 \quad \text{für } x \leqq 0$$

vor.

Anschaulich bedeutet $A_{ij}(x)$ die Wahrscheinlichkeit, daß der Prozeß zur Zeit 0 mit dem Zustand i beginnt und spätestens zur Zeit x in den Zustand j übergeht. Offensichtlich gelten die folgenden Beziehungen:

$$\lim_{x \to \infty} A_{ij}(x) = A_{ij}(\infty) = P\left\{(J_1=i) \cap (J_2=j)\right\} , \tag{2.8}$$

$$\sum_{i=1}^{m} A_{ij}(x) = P\left\{(X_1 \leqq x) \cap (J_2=j)\right\} , \tag{2.9}$$

$$\sum_{j=1}^{m} A_{ij}(x) = P\left\{(J_1=i) \cap (X_1 \leqq x)\right\} , \tag{2.10}$$

$$\sum_{i,j=1}^{m} A_{ij}(x) = P\left\{X_1 \leqq x\right\} , \tag{2.11}$$

$$\sum_{i,j=1}^{m} A_{ij}(\infty) = 1 . \tag{2.12}$$

Weiter gelte für die zufälligen Größen X_n und J_{n+1} $(n \geqq 2)$

$$P\left\{(X_n \leqq x) \cap (J_{n+1}=j) \,|\, J_1=i_1, \ldots, J_{n-1}=i_{n-1}, J_n=i; \; X_1 \leqq x_1, \ldots, X_{n-1} \leqq x_{n-1}\right\} = P\left\{(X_n \leqq x) \cap (J_{n+1}=j) \,|\, J_n=i\right\} = Q_{ij}(x); \tag{2.13}$$

$i,j=1,\ldots,m$ mit von n unabhängigen $Q_{ij}(x)$ und $Q_{ij}(x)=0$ für $x \leqq 0$.

Anschaulich ist $Q_{ij}(x)$ die Wahrscheinlichkeit, daß der n-te Zustand, falls er ein Zustand i war, spätestens nach der Zeit x in den Zustand j übergeht. Auch hier können evtl. gleiche Zustände aufeinander folgen. Die Wahrscheinlichkeiten

$$Q_{ij}(\infty) = P\left\{J_{n+1} = j \,|\, J_n = i\right\} \tag{2.14}$$

können wir als Übergangswahrscheinlichkeiten einer Markoff-Kette deuten, die durch die zufälligen Größen $J_2, J_3, \ldots$ definiert ist mit der Anfangsverteilung (vgl. (2.9))

$$P\left\{J_2 = j\right\} = \sum_{i=1}^{m} A_{ij}(\infty) \ .$$

Wir wollen daher wieder die Bezeichnung

$$Q_{ij}(\infty) = p_{ij} \tag{2.15}$$

einführen. Für die p_{ij} gilt (2.2). Falls $p_{ij} > 0$, ist

$$F_{ij}(x) = \frac{1}{p_{ij}} \quad Q_{ij}(x) \tag{2.16}$$

als Verteilungsfunktion mit $F_{ij}(x) = 0$ für $x \leqq 0$ eindeutig bestimmt. Aus (2.13), (2.14), (2.15) und (2.16) folgt für $n \geqq 2$

$$F_{ij}(x) = P\left\{X_n \leqq x \,\middle|\, (J_n = i) \cap (J_{n+1} = j)\right\} , \tag{2.17}$$

d.h. $F_{ij}(x)$ ist die bedingte Verteilungsfunktion der Dauer des n-ten Zustandes, falls dieser der Zustand i ist und in den Zustand j übergeht. Für $p_{ij} = 0$ können wir $F_{ij}(x)$ beliebig als Verteilungsfunktion mit $F_{ij}(x) = 0$ für $x \leqq 0$ festsetzen, so daß für alle i, j

$$Q_{ij}(x) = p_{ij} F_{ij}(x) \tag{2.18}$$

gilt mit Verteilungsfunktionen $F_{ij}(x)$, die der Bedingung $F_{ij}(x) = 0$ für $x \leqq 0$ genügen.

Mit S_n bezeichnen wir den Zeitpunkt des n-ten Überganges:

$$S_n = \sum_{i=0}^{n} X_i, \qquad S_o = 0 \quad . \tag{2.19}$$

Die Anzahl der Übergänge bis zur Zeit t ist dann

$$N(t) = \max (n : S_n \leqq t) \quad . \tag{2.20}$$

Der Zustand zur Zeit t ist dann definiert durch die zufällige Größe

$$Z(t) = J_{N(t)+1}, t \geqq 0 \quad . \tag{2.21}$$

Die Familie der für $t \geqq 0$ nach (2.21) definierten zufälligen Größen heißt dann der durch $(m, A_{ij}(x), Q_{ij}(x))$ bestimmte Semi-Markoff-Prozeß.

Man sieht leicht, daß im Falle m = 1 die Größen S_n gerade einen Erneuerungsprozeß beschreiben. Dabei ist N(t) die Anzahl der Erneuerungen bis zur Zeit t und $Z(t) = J_{N(t)+1} = 1$ für alle $t \geqq 0$.

2.4. Zustandsklassen

Bei der Untersuchung von Semi-Markoff-Prozessen liegen z.B. die folgenden Fragestellungen nahe, die auch bei der Anwendung auf reale Zufallsprozesse eine wichtige Rolle spielen:

1. Wie häufig treten bestimmte Übergänge auf, z.B. die Übergänge in einen bestimmten Zustand i?

2. Wie lange dauert es, bis (nach Beginn eines Zustandes i) zum ersten Mal ein bestimmter Zustand j eintritt?

3. Es sei A eine Teilmenge des Zustandsraumes $M = \{1, \ldots, m\}$. Wie groß ist die Verweildauer in A?

4. Wie wahrscheinlich ist es, daß zur Zeit t ein Zustand aus A vorhanden ist und spätestens zur Zeit t+x die Zustandsmenge A verlassen wird und ein Zustand aus einer Zustandsmenge B eintritt?

Zur Beantwortung dieser und ähnlicher Fragen, die noch (wie die Frage 1 bis 4) zu präzisieren sind, ist es zweckmäßig, statt der Einzelzustände Teilmengen des Zustandsraumes zu betrachten, die wir Zustandsklassen oder kurz Klassen nennen wollen. Später (2.7.) werden wir uns inbesondere mit Zerlegungen von M in (disjunkte) Klassen A,B,... beschäftigen.

Eine Klasse $A \subset M$ ist also eine Teilmenge von M, die z.B. auch nur einen einzelnen Zustand i oder den gesamten Zustandsraum M enthalten kann.

In der Praxis kann A z.B. alle Zustände umfassen, in denen ein technisches System nicht einwandfrei funktioniert. In manchen Fällen wird man mit einer Einteilung in zwei elementfremde Klassen A und $\bar{A}$ auskommen, die dann einen alternierenden Prozeß bestimmen, bei dem sich die Zustände A und $\bar{A}$ abwechseln. Solche Prozesse brauchen, wie man zeigen kann, keine Semi-Markoff-Prozesse zu sein.

Wir stellen uns zunächst das folgende allgemeine Problem:

> Gegeben seien zwei (nicht notwendig elementfremde) Zustandsklassen A und B, ein Zustand i und eine Klasse C mit $A \subset C$ und $i \in C$. Zu einem beliebigen Zeitpunkt sei der Zustand i eingetreten. Gefragt wird nach der Wahrscheinlichkeit, daß innerhalb einer Zeit x ein Übergang von A nach B stattfindet, ohne daß vorher die Klasse C verlassen wird.

Mit der Lösung dieses Problems ergeben sich zahlreiche Speziallösungen. Mit A = C = M, B = i erhält man z.B. die Verteilung der Abstände der Übergänge in den Zustand i (wobei Übergänge von i nach i mitgezählt werden).

Als wesentliches Hilfsmittel benötigen wir einige Sätze über Matrizen von Übergangswahrscheinlichkeiten p_{ik}.

3. Stochastische Matrizen

Unter einer m-reihigen stochastischen Matrix verstehen wir eine Matrix von Übergangswahrscheinlichkeiten

$$P = (p_{ij}) = \begin{pmatrix} p_{11} \cdots p_{1m} \\ \vdots \quad\quad \vdots \\ p_{m1} \cdots p_{mm} \end{pmatrix} \tag{3.1}$$

mit

$$0 \leqq p_{ij} \leqq 1, \; \sum_{j=1}^{m} p_{ij} = 1 \; .$$

Die n-te Potenz von P bezeichnen wir mit

$$P^n = (p_{ij}^{(n)}) \; . \tag{3.2}$$

Ist weiter I die Einheitsmatrix

$$I = \begin{pmatrix} 1 & 0 & \cdots & 0 \\ 0 & 1 & \ddots & \vdots \\ \vdots & \ddots & \ddots & 0 \\ 0 & \cdots & 0 & 1 \end{pmatrix} , \tag{3.3}$$

so setzen wir

$$P^o = I \; , \tag{3.4}$$

also

$$p_{ij}^{(o)} = \begin{cases} 1 & \text{f. } i = j \\ 0 & \text{sonst.} \end{cases}$$

Dann gilt für $n_1+n_2 = n; n_1, n_2 \geqq 0$

$$p_{ij}^{(n)} = \sum_{k=1}^{m} p_{ik}^{(n_1)} \, p_{kj}^{(n_2)} \; . \tag{3.5}$$

Wir ordnen nun der stochastischen Matrix P eine Markoff-Kette mit den Übergangswahrscheinlichkeiten p_{ij} zu und können dann nach 2.2. die folgenden Definitionen geben:

Eine stochastische Matrix P heißt _irreduzibel_, wenn die zugeordnete Markoff-Kette irreduzibel ist, d.h. wenn jeder Zustand von jedem anderen Zustand aus erreichbar ist.

Eine stochastische Matrix P heißt _periodisch mit der Periode r_, wenn die zugeordnete Markoff-Kette periodisch ist mit der Periode r.

Eine stochastische Matrix heißt _aperiodisch_, wenn die zugeordnete Markoff-Kette aperiodisch ist.

Beispiel für eine irreduzible aperiodische Matrix:

$$P = \begin{pmatrix} \frac{1}{3} & \frac{1}{2} & \frac{1}{6} \\ \frac{1}{2} & \frac{1}{2} & 0 \\ \frac{1}{3} & \frac{1}{3} & \frac{1}{3} \end{pmatrix}$$

Beispiel für eine irreduzible periodische Matrix (mit der Periode 3):

$$P = \begin{pmatrix} 0 & 1 & 0 & 0 \\ 0 & 0 & \frac{1}{2} & \frac{1}{2} \\ 1 & 0 & 0 & 0 \\ 1 & 0 & 0 & 0 \end{pmatrix}$$

Wir lassen auch periodische Matrizen zu, bei der alle von Null verschiedenen Übergangswahrscheinlichkeiten eins sind, z.B.

$$P = \begin{pmatrix} 0 & 1 & 0 \\ 0 & 0 & 1 \\ 1 & 0 & 0 \end{pmatrix}.$$

Für die Irreduzibilität einer stochastischen Matrix liefert der folgende Satz von Mihoc (/‾Fréchet_7, S.114-116) ein Kriterium:

Satz 3.1:

Es sei D_i die aus der Determinante $|I-P|$ durch Streichen der i-ten Zeile und Spalte entstehende Unterdeterminante. Dann gilt:

Die stochastische Matrix P ist dann und nur dann irreduzibel, wenn $D_i > 0$ für alle i. Die D_i genügen dem Gleichungssystem

$$\sum_{i=1}^{m} D_i \, p_{ij} = D_j \, . \tag{3.6}$$

Weiter gilt der folgende wichtige

Satz 3.2:

Ist P eine irreduzible (periodische oder aperiodische) stochastische Matrix, so ist das Gleichungssystem

$$\sum_{i=1}^{m} p_i p_{ij} = p_j ; j=1,\ldots,m; \tag{3.7}$$

$$\sum_{i=1}^{m} p_i = 1 \tag{3.8}$$

eindeutig lösbar, und es ist

$$p_i = \frac{D_i}{\sum_{j=1}^{m} D_j} > 0 \, . \tag{3.9}$$

Dabei ist D_i wie in Satz 3.1 definiert.

Beweis:

Nach Satz 3.1 ist (3.9) eine Lösung. Es ist also nur noch die Eindeutigkeit zu beweisen. Für aperiodische stochastische Matrizen folgt sie aus einem Satz von Feller [Feller I, 1. Auflage, S.325].

Jetzt sei P periodisch mit der Periode $r > 1$. Dann zerfallen [Feller I, 3. Aufl., S.405] die Zustände $1,\dots,m$ in r einander ausschließende nicht leere Klassen $G_1,\dots,G_r$, und es gilt für $j \in G_\alpha$

$$\lim_{n\to\infty} p_{ij}^{(nr)} = \begin{cases} rp_j, & \text{falls } i \in G_\alpha \\ 0 & \text{sonst} \end{cases} \tag{3.10}$$

und

$$\lim_{n\to\infty} p_{ij}^{(nr+1)} = \begin{cases} rp_j, & \text{falls } i \in G_{\alpha-1} \\ 0 & \text{sonst} \end{cases} \tag{3.11}$$

(mit $G_{\alpha-1} = G_r$ für $\alpha = 1$). Dabei sind die p_j eine Lösung von (3.7) und (3.8) mit $p_j > 0$. Es bleibt zu zeigen, daß es keine weiteren Lösungen von (3.7) und (3.8) gibt.

Es sei also

$$q_k = \sum_{i=1}^{m} q_i p_{ik}, \tag{3.12}$$

$$\sum_{i=1}^{n} q_i = 1 . \tag{3.13}$$

Multiplikation von (3.12) mit $p_{kj}^{(s-1)}$ und Summation über k liefert für $s = 2,3,\dots$

$$q_j = \sum_{i=1}^{m} q_i p_{ij}^{(s)} . \tag{3.14}$$

Für beliebig vorgegebenes α sei ϱ ein Zustand aus der Klasse G_α. Setzen wir $j = \varrho$ und $s = nr$ in (3.14), so bekommen wir nach (3.10) mit $n \to \infty$

$$q_\varrho = rp_\varrho \sum_{i \in G_\alpha} q_i . \tag{3.15}$$

Setzen wir $j = \varrho$ und $s = nr+1$, so folgt aus (3.14) und (3.11) mit $n \to \infty$

$$q_\varrho = rp_\varrho \sum_{i \in G_{\alpha-1}} q_i . \tag{3.16}$$

Da (3.15) und (3.16) für beliebiges α gilt, folgt

$$\sum_{i \in G_1} q_i = \dots = \sum_{i \in G_r} q_i = \omega$$

mit einer Konstanten ω.

Für beliebig vorgegebenes j mit $j \in G_\beta$ folgt aus (3.14) mit $s = nr$ und (3.10) mit $\alpha = \beta$ durch $n \to \infty$

$$q_j = rp_j \sum_{i \in G_\beta} q_i = rp_j\omega .$$

Aus der Voraussetzung (3.13) folgt $r\omega = 1$, also $q_j = p_j$, wie behauptet.

Wir benötigen weiter den folgenden Satz

Satz 3.3: Es sei $P = (p_{ij})$ eine m-reihige irreduzible stochastische Matrix und $Q = (q_{ij})$ eine m-reihige Matrix mit

$$Q \neq P, \quad 0 \leqq Q \leqq P .$$

Weiter sei $Q^n = (q_{ij}^{(n)})$.

Dann gilt

$$\lim_{n\to\infty} Q^n = 0 .$$

Ist weiter $C = \{k_1,\ldots,k_w\}$ mit $k_1 < \ldots < k_w$ eine Teilmenge von $M = \{1,\ldots,m\}$ und $Q_C = (q_{C,ij})$ die w-reihige quadratische Matrix mit $q_{C,ij} = q_{k_i k_j}$; $i,j = 1,\ldots,w$ (Q_C entsteht aus Q durch Streichen der Zeilen und Spalten, deren Indizes nicht zu C gehören), so gilt auch

$$\lim_{n\to\infty} Q_C^{\,n} = 0 .$$

Beweis:

Nach Voraussetzung gibt es ein Element q_{rs} mit $0 \leqq q_{rs} < p_{rs}$. Wir betrachten die Matrix $T = (t_{ij})$ mit

$$t_{ij} = \begin{cases} q_{ij} & \text{für } i = r,\ j = s \\ p_{ij} & \text{sonst.} \end{cases}$$

Dann ist $0 \leqq q_{ij}^{(n)} \leqq t_{ij}^{(n)}$. Wir zeigen, daß

$$\lim_{n\to\infty} t_{ij}^{(n)} = 0$$

gilt. Dazu ergänzen wir die Matrix T zu einer $(m+1)$-reihigen stochastischen Matrix T^* mit

$$t^*_{ij} = t_{ij} \quad \text{für } i,j = 1,\ldots,m;$$

$$t^*_{r,m+1} = p_{rs}-q_{rs} > 0,$$

$$t^*_{m+1,m+1} = 1 ,$$

während die übrigen Elemente der (m+1)-ten Zeile und Spalte verschwinden.

Die Matrix T^* ist dann die Matrix der Übergangswahrscheinlichkeiten einer Markoff-Kette mit den m durchgehenden Zuständen 1,...,m und dem absorbierenden Zustand m+1, und es gilt [2. Takacs, S.13]

$$\lim_{n\to\infty} t_{ij}^{*(n)} = \lim_{n\to\infty} t_{ij}^{(n)} = 0 \quad \text{für } i,j = 1,\dots,m .$$

Wegen

$$0 \leqq q_{ij}^{(n)} \leqq t_{ij}^{(n)}$$

folgt hieraus

$$\lim_{n\to\infty} Q^n = 0 .$$

Definieren wir nun die m-reihige quadratische Matrix $Q^* = (q_{\mu\nu}{}^*)$ durch

$$q_{\mu\nu}{}^* = \begin{cases} q_{\mu\nu} & \text{für } \mu \in C,\ \nu \in C \\ 0 & \text{sonst,} \end{cases}$$

so gilt wegen $0 \leqq q_{\mu\nu}{}^* \leqq q_{\mu\nu}$ auch

$$\lim_{n\to\infty} q_{\mu\nu}^{*(n)} = 0 .$$

Nun ist aber

$$q_{C,ij}^{(n)} = q_{k_i k_j}^{*\,(n)} ,$$

woraus

$$\lim Q_C^{(n)} = 0$$

folgt.

Wir zitieren noch aus [Kemeny and Snell, S.22] den folgenden

Satz 3.4:

Ist Q eine Matrix mit

$$\lim_{n \to \infty} Q^n = 0 ,$$

so hat I-Q eine Inverse, und es ist

$$(I-Q)^{-1} = I+Q+Q^2+ \ldots = \sum_{k=0}^{\infty} Q^k \quad .$$

4. Verteilung von Wartezeiten nach Erneuerungen

4.1. Das allgemeine Gleichungssystem und seine Lösung

Wir kehren zu dem in 2.4. am Schluß formulierten Problem zurück.

Gegeben seien also

erstens ein Semi-Markoff-Prozeß mit den Übergangswahrscheinlichkeiten p_{ij} und den Verteilungsfunktionen $F_{ij}(x)$ $(i,j = 1,\ldots,m)$,

zweitens zwei Zustandsklassen A und B, die gemeinsame Elemente haben dürfen, sowie eine Zustandsklasse C mit $A \subset C$. Zu einem beliebigen Zeitpunkt sei der Zustand $i \in C$ eingetreten. Gesucht ist die Wahrscheinlichkeit $G_{i,A,B,C}(x)$, daß spätestens nach der Zeit x ein Übergang von A nach B stattfindet, ohne daß vorher die Klasse C verlassen wird. Es ist trivial (und man beweist leicht), daß alle $G_{i,A,B,C}(x)$ identisch verschwinden, wenn alle p_{ij} mit $i \in A$, $j \in B$ verschwinden, d.h. wenn Übergänge von A nach B die Wahrscheinlichkeit Null haben. Deshalb setzen wir jetzt voraus, daß

$$p_{ij} = 0 \quad \text{nicht für alle } i,j \text{ mit } i \in A,\ j \in B \tag{4.1}$$

gilt.

Zur Vereinfachung schreiben wir

$$G_{i,A,B,C}(x) = G_i(x) .$$

Aus dem Satz von der totalen Wahrscheinlichkeit und den Erneuerungseigenschaften des Semi-Markoff-Prozesses (man vergleiche auch [Pyke]) ergibt sich dann das Gleichungssystem

$$G_i(x) = \sum_{j \in C-B} p_{ij}F_{ij}(x) * G_j(x) + \sum_{j \in B} p_{ij}F_{ij}(x) \quad \text{für } i \in A,$$

(4.2)

$$G_i(x) = \sum_{j \in C} p_{ij}F_{ij}(x) * G_j(x) \qquad \text{für } i \in C-A .$$

Dabei bezeichnet $F_{ij}(x) * G_j(x)$ die Faltung der Verteilungsfunktion $F_{ij}(x)$ mit der monotonen Funktion $G_j(x)$:

$$F_{ij}(x) * G_j(x) = \int_0^\infty F_{ij}(x-y)dG_j(y) = \int_0^\infty G_j(x-y)dF_{ij}(y) ,$$

und C-B bedeutet die Menge aller Zustände, die in C, aber nicht in B liegen ($C-B = C \cap \overline{B}$, $\overline{B} = M-B$ Komplement zu B). Entsprechendes gilt für C-A.

Zunächst soll gezeigt werden, daß durch (4.2) die Laplace-Stieltjes-Transformierten der $G_i(x)$ und damit die $G_i(x)$ selbst eindeutig bestimmt sind. Die Laplace-Stieltjes-Transformierten von $G_i(x)$ und $F_{ij}(x)$ sind definiert durch [Feller II]

$$g_i(s) = \int_0^\infty e^{-sx}dG_i(x), \quad f_{ij}(s) = \int_0^\infty e^{-sx}dF_{ij}(x), \; s \geqq 0 .$$

Bei Anwendung der Laplace-Stieltjes-Transformation auf (4.2) werden die Faltungsprodukte $F_{ij}(x)*G_j(x)$ auf die Produkte $f_{ij}(s)g_j(s)$ transformiert, und wir bekommen

$$g_i(s) = \sum_{j\in C-B} p_{ij}f_{ij}(s)g_j(s) + \sum_{j\in B} p_{ij}f_{ij}(s) \quad \text{für } i \in A,$$
$$g_i(s) = \sum_{j\in C} p_{ij}f_{ij}(s)g_j(s) \quad \text{für } i \in C-A . \tag{4.3}$$

Bezeichnen wir die der Größe nach geordneten Indizes $i \in C$ wieder mit $k_1,\ldots,k_w$ (w Anzahl der Zustände aus C), so können wir statt (4.3) schreiben

$$g_{k_v}(s) = \sum_{j=1}^{w} q_{vj}(s)g_{k_j}(s) + \beta_{k_v}(s), \quad v = 1,\ldots,w \tag{4.4}$$

mit

$$q_{vj}(s) = \begin{cases} 0 & \text{für } k_v \in A,\ k_j \in B \\ p_{k_v k_j}f_{k_v k_j}(s) & \text{sonst.} \end{cases} \tag{4.5}$$

und

$$\beta_{k_v}(s) = \begin{cases} 0 & \text{für } k_v \in C-A \\ \sum_{j\in B} p_{k_v j}f_{k_v j}(s) & \text{für } k_v \in A. \end{cases} \tag{4.6}$$

Mit den w-dimensionalen Spaltenvektoren

$$\gamma(s) = (g_{k_1}(s),\ldots,g_{k_w}(s))', \quad \beta(s) = (\beta_{k_1}(s),\ldots,\beta_{k_w}(s))' \tag{4.7}$$

und der w-reihigen quadratischen Matrix

$$Q(s) = (q_{vj}(s)) \tag{4.8}$$

bekommt (4.4) die Form

$$[I-Q(s)]\gamma(s) = \beta(s) . \tag{4.9}$$

Aus (4.1) und den Gleichungen (4.3) folgt, daß Q(s) die in Satz 3.3 vorausgesetzte Eigenschaft von Q_C erfüllt. Dies sieht man sofort, indem man

$$q_{ij} = \begin{cases} q_{vr}(s) \text{ für } i=k_v,\ j=k_r;\ v,r=1,\dots,w \\ 0 \quad \text{sonst} \end{cases}$$

setzt. Dann ist wegen $0 < f_{ij}(s) \leqq 1$ und $q_{ij} = 0$ für $i \in A$, $j \in B$ (aber $p_{ij} > 0$ für mindestens ein i und j mit $i \in A$, $j \in B$)

$$0 \leqq Q \leqq P , \quad Q \neq P .$$

Nach Satz 3.4 besitzt dann I-Q(s) wegen $\lim\limits_{n\to\infty} Q(s)^n = 0$ eine Inverse

$$[I-Q(s)]^{-1} = \sum_{k=0}^{\infty} [Q(s)]^k , \tag{4.10}$$

und das System (4.9) hat die eindeutige Lösung

$$\gamma(s) = [I-Q(s)]^{-1} \beta(s) . \tag{4.11}$$

Die Laplace-Stieltjes-Transformierten $g_i(s)$ der Wahrscheinlichkeiten $G_i(x)$ sind also für alle $i \in C$ mit Hilfe von (4.11) berechenbar. Aus der eindeutigen Umkehrbarkeit der Laplace-Stieltjes-Transformation und aus dem Stetigkeitssatz [Feller II, S.410] folgt, daß man die Gleichungen (4.10) und (4.11) auch als Matrizengleichungen schreiben kann, in denen die Verteilungsfunktionen selbst auftreten und statt der Multiplikation die Faltungsoperation angewendet wird. Mit den Spaltenvektoren

$$g(x) = (G_{k_1}(x),\dots,G_{k_w}(x))', \quad b(x) = (b_{k_1}(x),\dots,b_{k_w}(x))' \tag{4.12}$$

mit

$$b_{k_v}(x) = \begin{cases} 0 & \text{für } k_v \in C-A \\ \sum_{j \in B} p_{k_v j} F_{k_v j}(x) & \text{für } k_v \in A \end{cases} \tag{4.13}$$

und der w-reihigen quadratischen Matrix

$$R(x) = (r_{vj}(x)) \tag{4.14}$$

mit

$$r_{vj}(x) = \begin{cases} 0 & \text{für } k_v \in A,\ k_j \in B \\ p_{k_v k_j} F_{k_v k_j}(x) & \text{sonst} \end{cases}$$

ergibt sich die eindeutige Lösung

$$g(x) = [I-R(x)]^{-*1} * b(x) . \tag{4.16}$$

Darin ist

$$[I-R(x)]^{-*1} = I+R(x)+R(x)*R(x)+R(x)*R(x)*R(x)+\dots = \sum_{k=0}^{\infty} [R(x)]^{*k} . \tag{4.17}$$

4.2. Momente

Wir führen die Momente

$$\gamma_i^{(r)} = \int_{-\infty}^{\infty} x^r dG_i(x) , \quad \mu_{ij}^{(r)} = \int_{-\infty}^{\infty} x^r dF_{ij}(x) , \quad r = 0,1,\dots$$

ein. Dabei ist $\gamma_i^{(0)} = G_i(\infty)$ die Wahrscheinlichkeit, daß ein Übergang von A nach B stattfindet, ohne daß vorher die Klasse C verlassen wird. Weiter ist $\gamma_i^{(1)}/\gamma_i^{(0)}$ der bedingte Erwartungswert der Wartezeit bis zu diesem Übergang unter der Bedingung, daß er eintritt. Entsprechendes gilt für die höheren Momente.

Aus

$$\int_{-\infty}^{\infty} x^r \, d[F_{ij}(x) * G_j(x)] = \sum_{\varkappa=0}^{r} \binom{r}{\varkappa} \mu_{ij}^{(\varkappa)} \gamma_j^{(r-\varkappa)} \tag{4.18}$$

und (4.2) folgt dann

$$\gamma_i^{(r)} = \sum_{\varkappa=0}^{r} \binom{r}{\varkappa} \sum_{j \in C-B} p_{ij} \mu_{ij}^{(\varkappa)} \gamma_j^{(r-\varkappa)} + \sum_{j \in B} p_{ij} \mu_{ij}^{(r)} \quad \text{für } i \in A ,$$

(4.19)

$$\gamma_i^{(r)} = \sum_{\varkappa=0}^{r} \binom{r}{\varkappa} \sum_{j \in C} p_{ij} \mu_{ij}^{(\varkappa)} \gamma_j^{(r-\varkappa)} \quad \text{für } i \in C-A ,$$

d.h. <u>für r = 0</u> (wegen $\mu_{ij}^{(0)} = F_{ij}(\infty) = 1$)

$$\gamma_i^{(0)} = \sum_{j \in C-B} p_{ij} \gamma_i^{(0)} + \sum_{j \in B} p_{ij} \quad \text{für } i \in A ,$$

(4.20)

$$\gamma_i^{(0)} = \sum_{j \in C} p_{ij} \gamma_j^{(0)} \quad \text{für } i \in C-A$$

und <u>für r ≥ 1</u>

$$\gamma_i^{(r)} = \sum_{j \in B} p_{ij} \gamma_j^{(r)} + \sum_{\varkappa=1}^{r} \binom{r}{\varkappa} \sum_{j \in C-B} p_{ij} \mu_{ij}^{(\varkappa)} \gamma_j^{(r-\varkappa)} + \sum_{j \in B} p_{ij} \mu_{ij}^{(r)}$$

für i ∈ A ,

(4.21)

$$\gamma_i^{(r)} = \sum_{j \in C} p_{ij} \gamma_j^{(r)} + \sum_{\varkappa=1}^{r} \binom{r}{\varkappa} \sum_{j \in C} p_{ij} \mu_{ij}^{(\varkappa)} \gamma_j^{(r-\varkappa)} \quad \text{für } i \in C-A .$$

In (4.21) haben wir ein Gleichungssystem für die r-ten Momente $\gamma_i^{(r)}$ (i ∈ C), wenn wir die Momente $\gamma_i^{(\varrho)}$ mit $\varrho < r$ als bereits bekannt voraussetzen. D.h. wir können mit (4.20) und (4.21) alle Momente $\gamma_i^{(r)}$ sukzessive bestimmen, falls eindeutige Lösungen von (4.20) und (4.21) existieren. Das ist aber sofort zu sehen: Führen wir die ω-dimensionalen Spaltenvektoren

$$\gamma^{(r)} = (\gamma_{k_1}^{(r)}, \ldots, \gamma_{k_w}^{(r)})' \; , \quad b^{(r)} = (b_{k_1}^{(r)}, \ldots, b_{k_w}^{(r)})' \tag{4.22}$$

mit

$$b_{k_r}^{(r)} = \begin{cases} 0 & \text{für } k_v \in C-A \\ \sum_{j \in B} p_{k_v j} \mu_{k_v j}^{(r)} & \text{für } k_v \in A \end{cases} \tag{4.23}$$

sowie die ω-reihigen quadratischen Matrizen

$$Q^{(r)} = (q_{vj}^{(r)}) \quad \text{mit} \quad q_{vj}^{(r)} = \begin{cases} 0 & \text{für } k_v \in A, k_j \in B \\ p_{k_v k_j} \mu_{k_v k_j}^{(r)} & \text{sonst} \end{cases} \tag{4.24}$$

ein, so hat wegen (4.1) wieder $Q^{(0)}$ nach Satz 3.3 und Satz 3.4 eine Inverse, und wir erhalten als Lösung von (4.20) und (4.21):

$$\gamma^{(0)} = [I-Q^{(0)}]^{-1} b^{(0)} ,$$

$$\gamma^{(r)} = [I-Q^{(0)}]^{-1} \Big[\sum_{\kappa=1}^{r} \binom{r}{\kappa} Q^{(\kappa)} \gamma^{(r-\kappa)} + b^{(r)} \Big] , \quad r \geqq 1 \; . \tag{4.25}$$

4.3. Spezialisierungen

4.3.1. Wartezeit bis zur nächsten k-Erneuerung

Jeden Übergang von einem beliebigen Zustand in den Zustand k wollen wir eine "k-Erneuerung" nennen. Mit der Festsetzung $A = C$, $B = \{k\}$ ist $G_i(x)$ die Wahrscheinlichkeit, daß nach Beginn eines Zustandes $i \in A$ innerhalb der Zeit x ein Übergang in den Zustand k stattfindet, ohne daß vorher die Klasse A verlassen wurde. Das Gleichungssystem (4.2) bekommt die Gestalt

$$G_i(x) = \sum_{j \in A-\{k\}} p_{i_j} F_{i_j}(x) * G_j(x) + p_{ik} F_{ik}(x) \; , \; i \in A \; . \quad (4.26)$$

Nach (4.5), (4.6), (4.13), (4.15), (4.23) und (4.24) erhält man

$$\beta_{k_v}(s) = p_{k_v k} f_{k_v k}(s) \; , \; v = 1,\dots,w; \quad (4.27)$$

$$q_{vj}(s) = \begin{cases} 0 & \text{für } k_j = k \\ p_{k_v k_j} f_{k_v k_j}(s) & \text{sonst;} \end{cases} \quad (4.28)$$

$$b_{k_v}(x) = p_{k_v k} F_{k_v k}(x) \; , \; v = 1,\dots,w; \quad (4.29)$$

$$r_{vj}(x) = \begin{cases} 0 & \text{für } k_j = k \\ p_{k_v k_j} F_{k_v k_j}(x) & \text{sonst;} \end{cases} \quad (4.30)$$

$$b_{k_v}^{(r)} = p_{k_v k} \mu_{k_v k}^{(r)} \; , \; v = 1,\dots,w; \quad (4.31)$$

$$q_{vj}^{(r)} = \begin{cases} 0 & \text{für } k_j = k \\ p_{k_v k_j} \mu_{k_v k_j}^{(r)} & \text{sonst.} \end{cases} \quad (4.32)$$

Im Falle $A = M = \{1,\ldots,m\}$, $B = \{k\}$ führen wir die Bezeichnung $\gamma_i^{(r)} = \gamma_{ik}^{(r)}$ ein. Dann ist nach (2.2) und (4.20) wegen der Eindeutigkeit der Lösung

$$\gamma_{ik}^{(0)} = 1, \quad i = 1,\ldots,m; \tag{4.33}$$

und für $r \geqq 1$ bekommt man aus (4.25) durch einfache Umformung

$$\gamma^{(r)} = [I-Q^{(0)}]^{-1}\left[\sum_{\varkappa=1}^{r-1} \binom{r}{\varkappa} Q^{(\varkappa)}\gamma^{(r-\varkappa)} + m^{(r)}\right] \tag{4.34}$$

mit dem m-dimensionalen Spaltenvektor

$$m^{(r)} = (\mu_1^{(r)},\ldots,\mu_m^{(r)})' , \quad \mu_i^{(r)} = \sum_{j=1}^{m} p_{ij}\mu_{ij}^{(r)} . \tag{4.35}$$

Für r = 1 entspricht dies der von [Barlow] angegebenen Formel

$$\gamma_{ik}^{(1)} = \sum_{\substack{j=1\\ j\neq k}}^{m} p_{ij}\gamma_{jk}^{(1)} + \mu_i^{(1)} . \tag{4.36}$$

Für $r \geqq 2$ ist (4.34) äquivalent mit

$$\gamma_{ik}^{(r)} = \sum_{\substack{j=1\\ j\neq k}}^{m} p_{ij}\gamma_{jk}^{(r)} + \sum_{\varkappa=1}^{r-1} \binom{r}{\varkappa} \sum_{\substack{j=1\\ j\neq k}}^{m} p_{ij}\mu_{ij}^{(\varkappa)}\gamma_{jk}^{(r-\varkappa)} + \mu_i^{(r)} \tag{4.37}$$

(für r = 2 ebenfalls bei [Barlow] angegeben).

4.3.2. Abstände der k-Erneuerungen

Mit $A = M = \{1,\ldots,m\}$, $B = \{k\}$ ist $G_k(x)$ die Verteilungsfunktion für den Abstand von einer k-Erneuerung bis zur nächsten k-Erneuerung. Aus (4.36) und (4.37) lassen sich für die Momente $\gamma_{kk}^{(r)}$ Formeln herleiten, die für r = 1 und r = 2 ebenfalls von [Barlow] angegeben wurden.

Es seien $p_1 > 0, \ldots, p_m > 0$ die nach Satz 3.2 eindeutigen Lösungen des Gleichungssystems (3.7), (3.8). Multiplizieren wir (4.37) mit p_i und summieren wir über i, so ergibt sich durch Vertauschung der Summationsreihenfolge, wenn wir noch die Abkürzung

$$m_j^{(\varkappa)} = \sum_{i=1}^{m} p_i p_{ij} \mu_{ij}^{(\varkappa)} \tag{4.38}$$

einführen und (3.7) berücksichtigen:

$$\sum_{i=1}^{m} p_i \gamma_{ik}^{(r)} = \sum_{\substack{j=1\\ j\neq k}}^{m} p_j \gamma_{jk}^{(r)} + \sum_{\varkappa=1}^{r-1} \binom{r}{\varkappa} \sum_{\substack{j=1\\ j\neq k}}^{m} m_j^{(\varkappa)} \gamma_{jk}^{(r-\varkappa)} + \sum_{i=1}^{m} p_i \mu_i^{(r)} \quad ,$$

woraus sofort für $r \geqq 2$

$$\gamma_{kk}^{(r)} = \frac{1}{p_k} \left[\sum_{\varkappa=1}^{r-1} \binom{r}{\varkappa} \sum_{\substack{j=1\\ j\neq k}}^{m} m_j^{(\varkappa)} \gamma_{jk}^{(r-\varkappa)} + \sum_{i=1}^{m} p_i \mu_i^{(r)} \right] \tag{4.39}$$

folgt.

Dies ist für $r = 2$ die von [Barlow] angegebene Formel. Für $r = 1$ folgt aus (4.36) auf die gleiche Weise seine Formel

$$\gamma_{kk}^{(1)} = \frac{1}{p_k} \sum_{i=1}^{m} p_i \mu_i^{(1)} \quad . \tag{4.40}$$

Für den mittleren Abstand der Übergänge in den Zustand k gilt nach (4.40) also ein besonders einfacher Zusammenhang mit den mittleren Zustandsdauern $\mu_i^{(1)}$.

4.3.3. Wartezeit bis zum nächsten h-k-Übergang

Die Übergänge vom Zustand h in den Zustand k wollen wir "h-k-Übergänge" nennen.

Mit der Festsetzung $A = \{h\}$, $B = \{k\}$ ist $G_i(x)$ die Wahrscheinlichkeit, daß nach Beginn eines Zustandes $i \in C$ innerhalb der Zeit x ein Übergang von h nach k stattfindet, ohne daß vorher die Klasse C verlassen wird. Das Gleichungssystem (4.7) bekommt die Gestalt

$$G_h(x) = \sum_{j \in C-\{k\}} p_{hj}F_{hj}(x) * G_j(x)+p_{hk}F_{hk}(x) \ ,$$

$$G_i(x) = \sum_{j \in C} p_{ij}F_{ij}(x) * G_j(x) \qquad \text{für } i \in C-\{h\} \ . \tag{4.41}$$

Nach (4.5), (4.6), (4.13), (4.15), (4.23) und (4.24) erhält man

$$\beta_{k_v}(x) = \begin{cases} p_{hk}f_{hk}(x) & \text{für } k_v = h \\ 0 \quad \text{sonst;} \end{cases} \tag{4.42}$$

$$q_{vj}(s) = \begin{cases} 0 \quad \text{für } k_v = h, k_j = k \\ p_{k_v k_j} f_{k_v k_j}(s) \ \text{sonst;} \end{cases} \tag{4.43}$$

$$b_{k_v}(x) = \begin{cases} p_{hk}F_{hk}(x) & \text{für } k_v = h \\ 0 \quad \text{sonst;} \end{cases} \tag{4.44}$$

$$r_{vj}(x) = \begin{cases} 0 \quad \text{für } k_v = h, \ k_j = k \\ p_{k_v k_j} F_{k_v k_j}(x) \ \text{sonst;} \end{cases} \tag{4.45}$$

$$b_{k_v}^{(r)} = \begin{cases} p_{hk}\mu_{hk}^{(r)} & \text{für } k_v = h \\ 0 & \text{sonst;} \end{cases} \tag{4.46}$$

$$q_{vj}^{(r)} = \begin{cases} 0 & \text{für } k_v = h,\ k_j = k \\ p_{k_v k_j}\mu_{k_v k_j}^{(r)} & \text{sonst.} \end{cases} \tag{4.47}$$

Im Falle $C = M$, $A = \{h\}$, $B = \{k\}$ führen wir die Bezeichnung $\gamma_i^{(r)} = \gamma_{i,hk}^{(r)}$ ein. Dann ist

$$\gamma_{i,hk}^{(0)} = 1,\ i = 1,\ldots,m; \tag{4.48}$$

und für $r \geqq 1$ bekommt man aus (4.25) durch einfache Umformung wieder (4.34), wobei die Elemente von $Q^{(k)}$ nach (4.47) einzusetzen sind. Als Gleichungen für $\gamma_{i,hk}^{(r)}$ findet man dann

$$\gamma_{i,hk}^{(1)} = \begin{cases} \sum_{j=1}^{m} p_{ij}\gamma_{j,hk}^{(1)} + \mu_i^{(1)} & \text{für } i \neq h \\ \sum_{\substack{j=1 \\ j\neq k}}^{m} p_{hj}\gamma_{j,hk}^{(1)} + \mu_h^{(1)} & \text{für } i = h \end{cases} \tag{4.49}$$

und für $r \geqq 2$

$$\gamma_{i,hk}^{(r)} = \begin{cases} \sum_{j=1}^{m} p_{ij}\gamma_{j,hk}^{(r)} + \sum_{\varkappa=1}^{r-1} \binom{r}{\varkappa} \sum_{j=1}^{m} p_{ij}\mu_{ij}^{(\varkappa)}\gamma_{j,hk}^{(r-\varkappa)} + \mu_i^{(r)} & \text{für } i\neq h \\ \sum_{\substack{j=1 \\ j\neq k}}^{m} p_{hj}\gamma_{j,hk}^{(r)} + \sum_{\varkappa=1}^{r-1} \binom{r}{\varkappa} \sum_{\substack{j=1 \\ j\neq k}}^{m} p_{hj}\mu_{hj}^{(\varkappa)}\gamma_{j,hk}^{(r-\varkappa)} + \mu_h^{(r)} & \text{für } i=h. \end{cases} \tag{4.50}$$

4.3.4. Abstände der h-k-Übergänge

Mit $C = M$, $A = \{h\}$, $B = \{k\}$ ist $G_k(x)$ die Verteilungsfunktion für den Abstand von einem Übergang von h nach k bis zum nächsten Übergang von h nach k. Bildet man mit Hilfe von (4.49) und (4.50) die Summen

$$\sum_{i=1}^{m} p_i \gamma_{i,hk}^{(r)} ,$$

so findet man nach einfachen Umformungen unter Berücksichtigung von (3.7) und (4.38)

$$\gamma_{k,hk}^{(1)} = \frac{1}{p_h p_{hk}} \sum_{i=1}^{m} p_i \mu_i^{(1)} \tag{4.51}$$

und für $r \geqq 2$

$$\gamma_{k,hk}^{(r)} = \frac{1}{p_h p_{hk}} \Big[\sum_{\varkappa=1}^{r-1} \binom{r}{\varkappa} \sum_{j=1}^{m} m_j^{(\varkappa)} \gamma_{j,hk}^{(r-\varkappa)} + \sum_{i=1}^{m} p_i \mu_i^{(r)} - \sum_{\varkappa=1}^{r-1} \binom{r}{\varkappa} \mu_{hk}^{(\varkappa)} \gamma_{k,hk}^{(r-\varkappa)} \Big] . \tag{4.52}$$

Statt (4.51) und (4.52) kann man, wie man leicht zeigt, auch schreiben

$$\gamma_{k,hk}^{(1)} = \frac{1}{p_h p_{hk}} \sum_{i,j=1}^{m} p_i p_{ij} \mu_{ij}^{(1)} , \tag{4.53}$$

und für $r \geqq 2$

$$\gamma_{k,hk}^{(r)} = \frac{1}{p_h p_{hk}} \Big[\sum_{\varkappa=1}^{r-1} \binom{r}{\varkappa} \sum_{\substack{i,j=1 \\ (i,j) \neq (h,k)}}^{m} p_i p_{ij} \mu_{ij}^{(\varkappa)} \gamma_{j,hk}^{(r-\varkappa)} + \sum_{i,j=1}^{m} p_i p_{ij} \mu_{ij}^{(r)} \Big] , \tag{4.54}$$

wodurch man zu (4.39) und (4.40) analog gebaute Formeln erhält.

4.3.5. Verweildauern

Mit A = C, $A \cap B = \emptyset$ ($\emptyset$ leere Menge, A und B disjunkt) ist $G_i(x)$ die Wahrscheinlichkeit, daß nach Beginn eines Zustandes $i \in A$ innerhalb der Zeit x die Klasse A durch Übergang in die zu A disjunkte Klasse B verlassen wird. Nach (4.5), (4.6), (4.13), (4.15), (4.23) und (4.24) findet man

$$\beta_{k_v}(s) = \sum_{j\in B} p_{k_v j} f_{k_v j}(s), \quad v = 1,\ldots,w; \tag{4.55}$$

$$q_{vj}(s) = p_{k_v k_j} f_{k_v k_j}(s); \quad v,j = 1,\ldots,w; \tag{4.56}$$

$$b_{k_v}(x) = \sum_{j\in B} p_{k_v j} F_{k_v j}(x), \quad v = 1,\ldots,w; \tag{4.57}$$

$$r_{vj}(x) = p_{k_v k_j} F_{k_v k_j}(x); \quad v,j = 1,\ldots,w; \tag{4.58}$$

$$b_{k_v}^{(r)} = \sum_{j\in B} p_{k_v j} \mu_{k_v j}^{(r)}, \quad v = 1,\ldots,w; \tag{4.59}$$

$$q_{vj}^{(r)} = p_{k_v k_j} \mu_{k_v k_j}^{(r)}; \quad v,j = 1,\ldots,w \,. \tag{4.60}$$

Die Gleichungssysteme (4.2), (4.3) und (4.19) haben jetzt (mit C-B = A) die Form (für alle $i \in A$)

$$G_i(x) = \sum_{j\in A} p_{ij} F_{ij}(x) * G_j(x) + \sum_{j\in B} p_{ij} F_{ij}(x) \,, \tag{4.61}$$

$$g_i(s) = \sum_{j\in A} p_{ij} f_{ij}(s) g_j(s) + \sum_{j\in B} p_{ij} f_{ij}(s) \,, \tag{4.62}$$

$$\gamma_i^{(r)} = \sum_{\kappa=0}^{r} \binom{r}{\kappa} \sum_{j\in A} p_{ij} \mu_{ij}^{(\kappa)} \gamma_j^{(r-\kappa)} + \sum_{j\in B} p_{ij} \mu_{ij}^{(r)} \,. \tag{4.63}$$

Aus (4.20) folgt speziell

$$\gamma_i^{(0)} = \sum_{j\in A} p_{ij}\gamma_j^{(0)} + \sum_{j\in B} p_{ij} \tag{4.64}$$

und aus (4.21) für $r \geqq 1$

$$\gamma_i^{(r)} = \sum_{j\in A} p_{ij}\gamma_j^{(r)} + \sum_{\kappa=1}^{r}\binom{r}{\kappa}\sum_{j\in A} p_{ij}\mu_{ij}^{(\kappa)}\gamma_j^{(r-\kappa)} + \sum_{j\in B} p_{ij}\mu_{ij}^{(r)}. \tag{4.65}$$

4.3.6. Verweildauern in einer Klasse

Für die Anwendungen ist noch der Sonderfall $A = C$, $B = \bar{A}$ (Zerlegung von M in zwei disjunkte Klassen) von Interesse. Jetzt ist $G_i(x)$ die Verteilungsfunktion der Aufenthaltsdauer in A, wenn A mit dem Zustand i begonnen hat. Wegen (3.7) und der Eindeutigkeit der Lösung $\gamma_i^{(0)}$ ($i\in A$) von (4.64) erhalten wir, wie es sein muß,

$$\gamma_i^{(0)} = 1,\ i \in A\ . \tag{4.66}$$

Und statt (4.65) können wir wegen (4.66) für $r = 1$

$$\gamma_i^{(1)} = \sum_{j\in A} p_{ij}\gamma_j^{(1)} + \mu_i^{(1)} \tag{4.67}$$

und für $r > 1$

$$\gamma_i^{(r)} = \sum_{j\in A} p_{ij}\gamma_j^{(r)} + \sum_{\kappa=1}^{r-1}\binom{r}{\kappa}\sum_{j\in A} p_{ij}\mu_{ij}^{(\kappa)}\gamma_j^{(r-\kappa)} + \mu_i^{(r)} \tag{4.68}$$

schreiben.

4.3.7. Einige Identitäten

Aus (4.64) und (4.65) folgen einige wichtige Beziehungen, die wir in 8.1. anwenden.

Es gilt (unter der Voraussetzung $A = C$, $A \cap B = \emptyset$)

$$\sum_{\substack{j\in A \\ i\in\bar{A}}} p_i p_{ij} \gamma_j^{(0)} = \sum_{\substack{i\in A \\ j\in B}} p_i p_{ij} \, , \qquad (4.69)$$

und für $r \geqq 1$

$$\sum_{\substack{j\in A \\ i\in\bar{A}}} p_i p_{ij} \gamma_j^{(r)} = \sum_{\kappa=1} \sum_{\substack{i\in A \\ j\in A}} p_i p_{ij} \mu_{ij}^{(\kappa)} \gamma_j^{(r-\kappa)} + \sum_{\substack{i\in A \\ j\in B}} p_i p_{ij} \mu_{ij}^{(r)} . \qquad (4.70)$$

Beweis von (4.69):

Aus (4.64) folgt

$$\sum_{i\in A} p_i \gamma_i^{(0)} = \sum_{\substack{i\in A \\ j\in A}} p_i p_{ij} \gamma_j^{(0)} + \sum_{\substack{i\in A \\ j\in B}} p_i p_{ij}$$

und hieraus wegen

$$\sum_{\substack{i\in A \\ j\in A}} p_i p_{ij} \gamma_j^{(0)} = \sum_{\substack{i\in M \\ j\in A}} p_i p_{ij} \gamma_j^{(0)} - \sum_{\substack{j\in A \\ i\in\bar{A}}} p_i p_{ij} \gamma_j^{(0)} =$$

$$= \sum_{j\in A} p_j \gamma_j^{(0)} - \sum_{\substack{j\in A \\ i\in\bar{A}}} p_i p_{ij} \gamma_j^{(0)}$$

die Gleichung (4.69).

Beweis von (4.70):

Aus (4.65) folgt analog

$$\sum_{i\in A} p_i\gamma_i^{(r)} = \sum_{j\in A} p_j\gamma_j^{(r)} - \sum_{\substack{i\in\bar{A}\\ j\in A}} p_i p_{ij}\gamma_j^{(r)} +$$

$$+ \sum_{\varkappa=1}^{r}\binom{r}{\varkappa}\sum_{\substack{i\in A\\ j\in A}} p_i p_{ij}\mu_{ij}^{(\varkappa)}\gamma_j^{(r-\varkappa)} + \sum_{\substack{i\in A\\ j\in B}} p_i p_{ij}\mu_{ij}^{(r)} ,$$

und hieraus (4.70).

Im Sonderfall A = C, B = $\bar{A}$ bekommen wir wegen $\gamma_i^{(0)} = 1$, $i\in A$

$$\sum_{\substack{j\in A\\ i\in\bar{A}}} p_i p_{ij}\gamma_j^{(1)} = \sum_{i\in A} p_i\mu_i^{(1)} \tag{4.71}$$

und für $r>1$

$$\sum_{\substack{j\in A\\ i\in\bar{A}}} p_i p_{ij}\gamma_j^{(r)} = \sum_{\varkappa=1}^{r-1}\binom{r}{\varkappa}\sum_{\substack{i\in A\\ j\in A}} p_i p_{ij}\mu_{ij}^{(\varkappa)}\gamma_j^{(r-\varkappa)} + \sum_{i\in A} p_i\mu_i^{(r)} . \tag{4.72}$$

5. Verteilung von Anfangswartezeiten

5.1. Die allgemeine Gleichung

Das Gleichungssystem (4.2) bezieht sich auf die Verteilung von Wartezeiten, die mit einer i-Erneuerung beginnen. Nun sind **aber** auch die Wartezeiten von Interesse, die mit dem Anfangszustand beginnen (man denke etwa an die Zeitspanne bis zum ersten Ausfall eines Systems, das im Anfangszustand funktionsfähig ist).

Wir fragen zunächst (vgl. 2.4) nach der Wahrscheinlichkeit $\tilde{G}_{i,A,B,C}(x)$, daß zur Zeit $t = 0$ der Zustand $i \in C$ besteht und spätestens nach der Zeit x ein Übergang von A nach B stattfindet, ohne daß vorher die Klasse C verlassen wird, wobei wir wieder $A \subset C$ voraussetzen. Mit der Abkürzung

$$\tilde{G}_{i,A,B,C}(x) = \tilde{G}_i(x)$$

erhalten wir analog zu (4.2)

$$\begin{aligned} \tilde{G}_i(x) &= \sum_{j \in C-B} A_{ij}(x) * G_j(x) + \sum_{j \in B} A_{ij}(x) \quad \text{für } i \in A \,, \\ \tilde{G}_i(x) &= \sum_{j \in C} A_{ij}(x) * G_j(x) \qquad \text{für } i \in C-A \,, \end{aligned} \tag{5.1}$$

d.h. wir erhalten die gesuchten Wahrscheinlichkeiten $\tilde{G}_i(x)$ durch Faltung der Funktionen $A_{ij}(x)$ und $G_j(x)$, wobei die $G_j(x)$ natürlich die eindeutigen Lösungen von (4.2) sind. Falls nicht $A_{ij}(x) \equiv 0$, können wir

$$A_{ij}(x) = \alpha_{ij} B_{ij}(x) \tag{5.2}$$

schreiben.

Darin ist

$$\alpha_{ij} = \lim_{x \to \infty} A_{ij}(x) = A_{ij}(\infty) \tag{5.3}$$

die Wahrscheinlichkeit, daß zur Zeit t = 0 der Zustand i besteht und beim nächsten Übergang in den Zustand j übergeht. Und

$$B_{ij}(x) = A_{ij}(x)/\alpha_{ij} \tag{5.4}$$

ist die bedingte Verteilungsfunktion für die Dauer des Zustandes i (bei Übergang in den Zustand j).

Für $A_{ij}(x) \equiv 0$ können wir $\alpha_{ij}=0$ und $B_{ij}(x)$ beliebig als Verteilungsfunktion festsetzen, so daß (5.2) allgemein gilt.

Statt (5.1) erhalten wir

$$\begin{aligned} \widetilde{G}_i(x) &= \sum_{j\in C-B} \alpha_{ij}B_{ij}(x) * G_j(x) + \sum_{j\in B} \alpha_{ij}B_{ij}(x) \quad \text{für } i \in A \,, \\ \widetilde{G}_i(x) &= \sum_{j\in C} \alpha_{ij}B_{ij}(x) * G_j(x) \quad \text{für } i \in C-A \,. \end{aligned} \tag{5.5}$$

Die Momente der monotonen Funktionen $G_i(x)$ lassen sich in völliger Analogie zu (4.2) leicht aus (5.5) herleiten.

Durch Spezialisierung erhalten wir einige wichtige Verteilungen, wie wir in den folgenden Abschnitten kurz zeigen.

5.2. Spezialisierungen

5.2.1. Wartezeit bis zur ersten k-Erneuerung

Im Falle $A = C = M$, $B = \{k\}$ führen wir die Beziehungen

$$G_{j,A,B,C}(x) = G_{jk}(x) \text{ und } \tilde{G}_i(x) = \tilde{G}_{ik}(x)$$

ein. Die $G_{jk}(x)$ sind dann die Verteilungsfunktionen für die Zeit von einer j-Erneuerung bis zur nächsten k-Erneuerung. Aus (5.1) und (5.5) erhalten wir

$$\begin{aligned} \tilde{G}_{ik}(x) &= \sum_{j \neq k} A_{ij} * G_{jk}(x) + A_{ik}(x) , \\ &= \sum_{j \neq k} \alpha_{ij} B_{ij} * G_{jk}(x) + \alpha_{ik} B_{ik}(x), \quad i=1,\ldots,m \end{aligned} \tag{5.6}$$

und hieraus durch Summation über $i = 1,\ldots,m$ die Verteilungsfunktion $\Theta_k(x)$ für den Zeitpunkt der ersten k-Erneuerung:

$$\begin{aligned} \Theta_k(x) &= \sum_{\substack{i,j=1 \\ j \neq k}}^{m} A_{ij}(x) * G_{jk}(x) + \sum_{i=1}^{m} A_{ik}(x) = \\ &= \sum_{\substack{i,j=1 \\ j \neq k}}^{m} \alpha_{ij} B_{ij}(x) * G_{jk}(x) + \sum_{i=1}^{m} \alpha_{ik} B_{ik}(x) . \end{aligned}$$

Bezeichnen wir mit $\mu_{0ij}^{(r)}$ die Momente von $B_{ij}(x)$ und mit $\vartheta_k^{(r)}$ die Momente von $\Theta_k(x)$, so erhalten wir aus (5.7) (vgl. 4.2.)

$$\vartheta_k^{(r)} = \sum_{\varkappa=0}^{r} \binom{r}{\varkappa} \sum_{\substack{i,j=1 \\ j \neq k}}^{m} \alpha_{ij} \mu_{0ij}^{(\varkappa)} \gamma_{jk}^{(r-\varkappa)} + \sum_{i=1}^{m} \alpha_{ik} \mu_{0ik}^{(r)} , \tag{5.8}$$

also z.B. für die mittlere Zeit bis zur ersten k-Erneuerung ($r = 1$)

$$\vartheta_k^{(1)} = \sum_{\substack{i,j=1 \\ j \neq k}}^{m} \alpha_{ij}(\mu_{0ij}^{(1)} + \gamma_{jk}^{(1)}) + \sum_{i=1}^{m} \alpha_{ik}\mu_{0ik}^{(1)} \; . \tag{5.9}$$

Hat die Anfangsverteilung $A_{ij}(x)$ die spezielle Form

$$A_{ij}(x) = \begin{cases} p_{i_0 j} F_{i_0 j}(x) & \text{für } i=i_0, \; j=1,\dots,m \\ 0 & \text{sonst,} \end{cases} \tag{5.10}$$

d.h. ist der Anfangszustand der gleiche wie nach einer i_0-Erneuerung, so ist

$$\Theta_k(x) = G_{i_0 k}(x) \; . \tag{5.11}$$

Dies folgt daraus, daß in diesem Fall die rechte Seite von (5.7) und (4.26) (mit $i = i_0$, $G_j(x) = G_{jk}(x)$) übereinstimmen.

5.2.2. Wartezeit bis zum ersten h-k-Übergang

Mit $A = \{h\}$, $B = \{k\}$, $C = M$ erhalten wir aus (5.1) und (5.5), wenn wir hier die Bezeichnungen

$$G_{j,A,B,C}(x) = G_{j,hk}(x), \; \tilde{G}_i(x) = \tilde{G}_{i,hk}(x)$$

einführen,

$$\tilde{G}_{h,hk}(x) = \sum_{j \neq k} A_{hj}(x) * G_{j,hk}(x) + A_{hk}(x) =$$

$$= \sum_{j \neq k} \alpha_{hk} B_{hj}(x) * G_{j,hk}(x) + \alpha_{hk} B_{hk}(x) \; ,$$

(5.12)

$$\tilde{G}_{i,hk}(x) = \sum_{j=1}^{m} A_{ij}(x) * G_{j,hk}(x) =$$

$$= \sum_{j=1}^{m} \alpha_{ij} B_{ij}(x) * G_{j,hk}(x) \quad \text{für } i \neq h \; .$$

Durch Summation über i = 1,...,m erhalten wir hieraus die Verteilungsfunktion $\Theta_{hk}(x)$ für den Zeitpunkt des ersten h-k-Überganges:

$$\Theta_{hk}(x) = \sum_{\substack{i,j=1 \\ (i,j) \neq (h,k)}}^{m} A_{ij}(x) * G_{j,hk}(x) + A_{hk}(x) =$$

(5.13)

$$= \sum_{\substack{i,j=1 \\ (i,j) \neq (h,k)}} \alpha_{ij} B_{ij}(x) * G_{j,hk}(x) + \alpha_{hk} B_{hk}(x) \; .$$

Die Momente von $\Theta_{hk}(x)$ lassen sich analog zu 5.2.1 angeben. Falls (5.10) gilt, erhalten wir

$$\Theta_{hk}(x) = G_{i_0,hk}(x) \; . \qquad (5.14)$$

5.2.3. Bedingte Verweildauern

Wir fragen zunächst nach der Wahrscheinlichkeit $\tilde{G}_{AB}(x)$, daß zur Zeit t = 0 ein Zustand aus der Klasse A besteht und spätestens nach der Zeit x ein Übergang in die Klasse B (mit

$A \cap B = \emptyset$) stattfindet, ohne daß vorher die Klasse A verlassen wurde. Mit $C = A$, $A \cap B = \emptyset$ folgt aus (5.1) und (5.5)

$$\tilde{G}_{AB}(x) = \sum_{\substack{i\in A\\ j\in A}} A_{ij}(x) * G_{j,B}(x) + \sum_{\substack{i\in A\\ j\in B}} A_{ij}(x) = \tag{5.15}$$

$$= \sum_{\substack{i\in A\\ j\in A}} \alpha_{ij}B_{ij}(x) * G_{j,B}(x) + \sum_{\substack{i\in A\\ j\in B}} \alpha_{ij}B_{ij}(x) .$$

Mit der Wahrscheinlichkeit

$$P\left\{J_1 \in A\right\} = \sum_{\substack{j=1\\ i\in A}}^{m} \alpha_{ij}$$

besteht zur Zeit $t = 0$ ein Zustand aus der Klasse A. Also erhalten wir als bedingte Wahrscheinlichkeit,daß die Zustandsklasse A spätestens nach der Zeit x durch Übergang in die Zustandsklasse B endet, falls A zur Zeit $t = 0$ bestand, den Ausdruck

$$\Theta_B(x|A) = \frac{\sum\limits_{\substack{i\in A\\ j\in A}} \alpha_{ij}B_{ij}(x) * G_{j,B}(x) + \sum\limits_{\substack{i\in A\\ j\in B}} \alpha_{ij}B_{ij}(x)}{\sum\limits_{\substack{j=1\\ i\in A}}^{m} \alpha_{ij}} \tag{5.16}$$

Falls $B = M-A = \overline{A}$, ist $\Theta_{\overline{A}}(x|A)$ die bedingte Verteilungsfunktion für den Zeitpunkt der Beendigung des Zustandes A, falls er zur Zeit $t = 0$ bestand. Falls (5.10) mit $i_o \in A$ gilt, ist

$$\Theta_B(x|A) = G_{i_o,B}(x) \quad , \tag{5.17}$$

wobei $G_{i_o,B}(x)$ die eindeutige Lösung von (4.2) mit $C = A$ ist.

6. Eingebettete Erneuerungsprozesse in stationären Semi-Markoff-Prozessen

6.1. h-k-Übergänge

Aus den Erneuerungseigenschaften der Semi-Markoff-Prozesse folgt, daß die h-k-Übergänge mit $p_{hk} > 0$ einen Erneuerungsprozeß bilden, dessen Erneuerungsabstände der Verteilungsfunktion $G_{k,hk}(x)$ (vgl. 5.2.2.) genügen.

Die zugehörigen Laplace-Stieltjes-Transformierten bezeichnen wir mit $g_{i,hk}(s)$ und die Momente wieder mit $\gamma_{i,hk}^{(r)}$.

Wir bezeichnen wieder die Verteilungsfunktion für den Zeitpunkt des ersten h-k-Überganges mit $\Theta_{hk}(x)$ und fragen danach, unter welchen Voraussetzungen der Erneuerungsprozeß der h-k-Übergänge stationär ist, was nach (1.4) gleichbedeutend mit

$$\Theta_{hk}(x) = \frac{1}{\gamma_{k,hk}^{(1)}} \int_0^x \left[1-G_{k,hk}(y)\right] dy \tag{6.1}$$

ist.

Dazu definieren wir zunächst die <u>Stationarität eines Semi-Markoff-Prozesses:</u>

Der durch $(m, A_{ij}(x),\ p_{ij}F_{ij}(x))$ bestimmte Semi-Markoff-Prozeß mit irreduzibler Matrix (p_{ij}) der Übergangswahrscheinlichkeiten heißt <u>stationär</u>, wenn

$$A_{ij}(x) = \frac{p_i p_{ij}}{\mu} \int_0^x \left[1-F_{ij}(y)\right] dy \tag{6.2}$$

mit der Abkürzung

$$\mu = \sum_{\varrho=1}^{m} p_\varrho \mu_\varrho^{(1)} \tag{6.3}$$

gilt.

Auf die Bedeutung der Stationarität von Semi-Markoff-Prozessen werden wir in 7. zurückkommen.

Nun beweisen wir den folgenden

Satz 6.1:

Die h-k-Übergänge ($p_{hk} > 0$) eines stationären Semi-Markoff-Prozesses bilden einen stationären Erneuerungsprozeß mit dem mittleren Erneuerungsabstand (4.51).

Beweis:

Für die $g_{i,hk}(s)$ gilt nach (4.3) wegen $A = \{h\}$, $B = \{k\}$, $C = M$ (vgl. auch (4.42) und (4.43))

$$\begin{aligned} g_{h,hk}(s) &= \sum_{j \neq k} p_{hj} f_{hj}(s) g_{j,hk}(s) + p_{hk} f_{hk}(s) = \\ &= \sum_{j=1}^{m} p_{hj} f_{hj}(s) g_{j,hk}(s) + p_{hk} f_{hk}(s)(1 - g_{k,hk}(s)) \end{aligned} \tag{6.4}$$

und

$$g_{i,hk}(s) = \sum_{j=1}^{m} p_{ij} f_{ij}(s) g_{j,hk}(s) \quad \text{für} \quad i \neq h . \tag{6.5}$$

Wir bezeichnen nun mit $\vartheta_{hk}(s)$ die Laplace-Stieltjes-Transformierte von $\Theta_{hk}(x)$ und mit $a_{ij}(s)$ die Laplace-Stieltjes-Transformierten der $A_{ij}(x)$. Dann haben wir zu zeigen, daß aus (6.4), (6.5) und

$$a_{ij}(s) = \frac{p_i p_{ij}(1 - f_{ij}(s))}{\mu s} \tag{6.6}$$

die Gültigkeit von

$$\vartheta_{hk}(s) = \frac{1 - g_{k,hk}(s)}{\gamma^{(1)}_{k,hk} s} \tag{6.7}$$

folgt, was mit (6.1) gleichbedeutend ist.

Aus (5.13) folgt

$$\vartheta_{hk}(s) = \sum_{(i,j)\neq(h,k)} a_{ij}(s)g_{j,hk}(s) + a_{hk}(s) \; . \tag{6.8}$$

Mit (6.6) wird daraus

$$\vartheta_{hk}(s)= \frac{1}{\mu s} \Big[\sum_{(i,j)\neq(h,k)} p_i p_{ij} g_{j,hk}(s)-$$

$$- \sum_{(i,j)\neq(h,k)} p_i p_{ij} f_{ij}(s) g_{j,hk}(s) +$$

$$+ p_h p_{hk} - p_h p_{hk} f_{hk}(s)\Big] =$$

$$= \frac{1}{\mu s} \Big[\sum_{j=1}^{m} \Big(\sum_{i=1}^{m} p_i p_{ij}\Big) g_{j,hk}(s)-p_h p_{hk} g_{k,hk}(s) -$$

$$- \sum_{i=1}^{m} p_i \Big(\sum_{j=1}^{m} p_{ij} f_{ij}(s) g_{j,hk}(s)\Big) + p_h p_{hk} f_{hk}(s) g_{h,hk}(s) +$$

$$+ p_h p_{hk}-p_h p_{hk} f_{hk}(s)\Big].$$

Mit (3.7), (6.4) und (6.5) erhalten wir daraus

$$\vartheta_{hk}(s) = \frac{1}{\mu s}\Big[\sum_{j=1}^{m} p_j g_{j,hk}(s) - p_h p_{hk} g_{k,hk}(s) -$$

$$- \sum_{i\neq k} p_i g_{i,hk}(s) - p_h\big[g_{h,hk}(s)-p_{hk} f_{hk}(s)(1-g_{k,hk}(s))\big] +$$

$$+ p_h p_{hk} f_{hk}(s) g_{k,hk}(s) + p_h p_{hk}-p_h p_{hk} f_{hk}(s)\Big] =$$

$$= \frac{p_h p_{hk}(1-g_{k,hk}(s))}{\mu s} \; .$$

Wegen (siehe (4.51)

$$\frac{p_h p_{hk}}{\mu} = \frac{1}{\gamma_{k,hk}^{(1)}}$$

ist das die Behauptung (6.7).

6.2. k-Erneuerungen

Auch die k-Erneuerungen bilden wegen der Erneuerungseigenschaft des Semi-Markoff-Prozesses einen Erneuerungsprozeß, dessen Erneuerungsabstände der Verteilungsfunktion $G_{kk}(x)$ (vgl. 5.21) genügen. Die zugehörige Erneuerungsfunktion ist gleich der Summe der Erneuerungsfunktionen der durch die h-k-Übergänge gebildeten Erneuerungsprozesse (summiert über alle h mit $p_{hk} > 0$). Aus der Stationarität dieser Prozesse folgt die Stationarität des Erneuerungsprozesses der k-Erneuerungen. Wir erhalten also den

Satz 6.2:

Die k-Erneuerungen (Übergänge in den Zustand k) eines stationären Semi-Markoff-Prozesses bilden einen stationären Erneuerungsprozeß mit dem mittleren Erneuerungsabstand (4.40).

7. Zustandswahrscheinlichkeiten in stationären Semi-Markoff-Prozessen

Der betrachtete Semi-Markoff-Prozeß sei stationär, d.h. es gelte (6.2). Wir fragen nach der Wahrscheinlichkeit $\Phi_{ik}(t,x)$, daß zur Zeit t der Zustand i besteht und spätestens zur Zeit t+x in den Zustand k übergeht:

$$\Phi_{ik}(t,x) = P\left\{(Z(t)=i) \cap (J_{N(t)+2}=k) \cap (S_{N(t)+1} \leq t+x)\right\}. \tag{7.1}$$

Für die Wahrscheinlichkeit $\Phi_{i,k}(t,x)$ gilt der folgende Satz [Pyke]:

Satz 7.1:

Für den stationären Semi-Markoff-Prozeß ist

$$\Phi_{ik}(t,x) = \frac{p_i p_{ik}}{\mu^{(1)}} \int_0^x \left[1-F_{ik}(y)\right] dy = A_{ik}(x) . \tag{7.2}$$

Beweis:

Die i-Erneuerungen bilden einen stationären Erneuerungsprozeß mit der (konstanten) Erneuerungsdichte

$$h_i(t) = \frac{1}{\gamma_{ii}^{(1)}} = \frac{p_i}{\mu^{(1)}} .$$

Nach der Regel von der totalen Wahrscheinlichkeit ist

$$\begin{aligned}\Phi_{ik}(t,x) &= A_{ik}(t+x)-A_{ik}(t)+\int_0^t h_i(y)\left[Q_{ik}(t+x-y)-Q_{ik}(t-y)\right]dy = \\ &= \frac{p_i p_{ik}}{\mu}\left[\int_t^{t+x}\left[1-F_{ik}(y)\right]dy+\int_0^t\left[F_{ik}(t+x-y)-F_{ik}(t-y)\right]dy\right],\end{aligned} \tag{7.3}$$

und hieraus folgt nach einfacher Substitution die Behauptung (7.2).

Die Wahrscheinlichkeit $\Phi_{ik}(t,x)$ ist also von t unabhängig und gleich der Anfangswahrscheinlichkeit $A_{ik}(x)$. Umgekehrt folgt aus

$$\Phi_{ik}(t,x) = \frac{p_i p_{ik}}{\mu^{(1)}} \int_0^x [1-F_{ik}(y)]\,dy \qquad \text{für } 0 \leqq t < \infty \tag{7.4}$$

natürlich, daß die Anfangsverteilung $A_{ik}(x)$ der Gleichung (6.2) genügt. Wir können daher auch (7.4) als Definition der Stationarität eines Semi-Markoff-Prozesses auffassen.

Aus (7.2) folgt für die Wahrscheinlichkeit $P_{ik}(t)$, daß zur Zeit t der Zustand i besteht und in den Zustand k übergeht:

$$P_{ik}(t) = \lim_{x\to\infty} \Phi_{ik}(t,x) = \frac{p_i p_{ik} \mu_{ik}^{(1)}}{\mu^{(1)}} . \tag{7.5}$$

Für die Wahrscheinlichkeit $P_i(t)$, daß zur Zeit t der Zustand i besteht, bekommen wir

$$P_i(t) = \sum_{k=1}^{m} P_{ik}(t) = \frac{p_i \mu_i^{(1)}}{\mu^{(1)}} . \tag{7.6}$$

Aus (7.5) und (7.6) erhalten wir mit (4.40) und (4.51) die anschaulich plausiblen Formeln

$$P_{ik}(t) = \frac{\mu_{ik}^{(1)}}{\gamma_{k,ik}^{(1)}} , \tag{7.7}$$

$$P_i(t) = \frac{\mu_i^{(1)}}{\gamma_{ii}^{(1)}} , \tag{7.8}$$

in denen $\gamma_{k,ik}^{(1)}$ und $\gamma_{ii}^{(1)}$ die mittleren Abstände der i-k-Übergänge bzw. der i-Erneuerungen bedeuten.

8. Vergröberungen stationärer Semi-Markoff-Prozesse

Bei den Anwendungen von Semi-Markoff-Prozessen interessieren häufig neben den Einzelzuständen Klassen von Zuständen (z.B. alle Zustände eines technischen Systems, die Funktionsunfähigkeit bedeuten). Wir wollen daher jetzt annehmen, daß eine solche Klasseneinteilung (vgl. auch 2.4.) von $M = \{1,\ldots,m\}$ in disjunkte Klassen A, B,... vorgegeben sei. Den Klassen A,B,... ordnen wir etwa die natürlichen Zahlen $X_A=1$, $X_B=2,\ldots$ zu und definieren die Familie U(t) von zufälligen Größen durch die Festsetzung

$$U(t) = X_A \quad \text{genau dann, wenn} \quad Z(t) \in A \;, \quad \text{usw.}$$

Den durch die Familie U(t) definierten Prozeß nennen wir eine *Vergröberung* des ursprünglichen Semi-Markoff-Prozesses.

Durch Gegenbeispiele kann man zeigen, daß eine Vergröberung eines Semi-Markoff-Prozesses nicht notwendig wieder ein Semi-Markoff-Prozeß ist.

8.1. Bedingte Verweildauern

Für den vorgegebenen Semi-Markoff-Prozeß war $Q_{ik}(x)$ die Wahrscheinlichkeit, daß der Zustand i, falls zu einem beliebigen Zeitpunkt t eine i-Erneuerung stattgefunden hat, spätestens zur Zeit t+x in den Zustand k übergeht. Laut Definition war $Q_{ik}(x)$ von t unabhängig.

Wir wollen nun analog $Q_{AB}(x|t)$ als bedingte Wahrscheinlichkeit dafür definieren, daß die Zustandsklasse A, falls sie zu einem Zeitpunkt t (durch Übergang von irgend einem Zustand $k \notin A$ in irgend einen Zustand $i \in A$) begonnen hat, spätestens zur Zeit t+x in die Zustandsklasse B (wir setzen (4.1) voraus) übergeht. Es wird sich zeigen, daß $Q_{AB}(x|t)$ bei stationären Semi-Markoff-Prozessen von t unabhängig ist.

Zunächst werden wir $Q_{AB}(x|t)$ genau definieren.

Dazu bezeichnen wir mit $Q_{AB}(x|t,y)$ die bedingte Wahrscheinlichkeit dafür, daß die Zustandsklasse A, wenn sie mit dem ersten Übergang im Intervall $(t,t+y]$ begonnen hat, spätestens innerhalb der Zeit x in die Zustandsklasse B übergeht. Die Wahrscheinlichkeit $Q_{AB}(x|t)$ definieren wir dann durch den (wie sich zeigt, existierenden) Grenzwert

$$Q_{AB}(x|t) = \lim_{y\to 0} Q_{AB}(x|t,y) \ . \tag{8.1}$$

Wir bezeichnen mit $\Phi_{\overline{A}A}(t,y)$ die Wahrscheinlichkeit, daß zur Zeit t ein Zustand aus $\overline{A}=M-A$ besteht und spätestens zur Zeit t+y beim nächsten Übergang in einen Zustand aus A übergeht. Dann ist

$$\Phi_{\overline{A}A}(t,y) = \sum_{\substack{j\in A \\ i\in\overline{A}}} \Phi_{ij}(t,y) \tag{8.2}$$

und

$$Q_{AB}(x|t,y) = \frac{\sum\limits_{\substack{j\in A \\ i\in\overline{A}}} \Phi_{ij}(t,y) G_{jB}(x)}{\sum\limits_{\substack{j\in A \\ i\in\overline{A}}} \Phi_{ij}(t,y)} \ . \tag{8.3}$$

Dabei ist

$$G_{jB}(x) = G_{j,A,B,C}(x) \quad \text{mit} \quad A = C,\ A \cap B = \emptyset \ .$$

Aus (7.2) folgt

$$\Phi_{ij}(t,y) = \frac{p_i p_{ij}}{\mu} y + o(y) \ , \tag{8.4}$$

so daß wir mit (8.1) und (8.3)

$$Q_{AB}(x|t) = Q_{AB}(x) = \frac{\sum\limits_{\substack{j\in A\\ i\in\overline{A}}} p_i p_{ij} G_{jB}(x)}{\sum\limits_{\substack{j\in A\\ i\in\overline{A}}} p_i p_{ij}} \tag{8.5}$$

erhalten. Für die $G_{jB}(x)$ sind die eindeutigen Lösungen des Gleichungssystems (4.61) einzusetzen (vgl. auch (4.16)). Für die Momente von $Q_{AB}(x)$ ergeben sich die Formeln

$$q_{AB}^{(r)} = \frac{\sum\limits_{\substack{j\in A\\ i\in\overline{A}}} p_i p_{ij} \gamma_{jB}^{(r)}}{\sum\limits_{\substack{j\in A\\ i\in\overline{A}}} p_i p_{ij}} \quad . \tag{8.6}$$

Die $\gamma_{jB}^{(r)}$ sind die eindeutigen Lösungen von (4.63). Dabei ist $q_{AB}^{(0)} = p_{AB}$ die Wahrscheinlichkeit, daß A in B übergeht. Mit Hilfe von (4.69) erhalten wir

$$p_{AB} = q_{AB}^{(0)} = \frac{\sum\limits_{\substack{i\in A\\ j\in B}} p_i p_{ij}}{\sum\limits_{\substack{i\in A\\ j\in\overline{A}}} p_i p_{ij}} \quad , \tag{8.7}$$

wobei wir noch von der aus (4.66) und (4.69) folgenden Identität

$$\sum_{\substack{j\in A\\ i\in\overline{A}}} p_i p_{ij} = \sum_{\substack{i\in A\\ j\in\overline{A}}} p_i p_{ij} \tag{8.8}$$

Gebrauch gemacht haben.

Aus (8.5) und (8.7) folgt

$$Q_{AB}(x) = p_{AB}\, F_{AB}(x) \tag{8.9}$$

mit der bedingten Verteilungsfunktion

$$F_{AB}(x) = \frac{\sum\limits_{\substack{i\in\bar{A}\\ j\in A}} p_i p_{ij} G_{jB}(x)}{\sum\limits_{\substack{i\in A\\ j\in B}} p_i p_{ij}} \tag{8.10}$$

für die Verweildauer **in** A, wenn A in B übergeht.

Für die höheren Momente ($r \geqq 1$) erhalten wir aus (8.6) mit (4.70) und (8.8)

$$q_{AB}^{(r)} = \frac{\sum\limits_{\varkappa=1}^{r}\binom{r}{\varkappa}\sum\limits_{\substack{i\in A\\ j\in A}} p_i p_{ij}\mu_{ij}^{(\varkappa)}\gamma_{jB}^{(r-\varkappa)} + \sum\limits_{\substack{i\in A\\ j\in B}} p_i p_{ij}\mu_{ij}^{(r)}}{\sum\limits_{\substack{i\in A\\ j\in\bar{A}}} p_i p_{ij}}\,, \tag{8.11}$$

wobei die $\gamma_{jB}^{(r-\varkappa)}$ rekursiv aus den Gleichungssystemen (4.64) und (4.65) berechnet werden können. Speziell für $r = 1$ gilt

$$q_{AB}^{(1)} = \frac{\sum\limits_{\substack{i\in A\\ j\in A}} p_i p_{ij}\mu_{ij}^{(1)}\gamma_{jB}^{(0)} + \sum\limits_{\substack{i\in A\\ j\in B}} p_i p_{ij}\mu_{ij}^{(1)}}{\sum\limits_{\substack{i\in A\\ j\in\bar{A}}} p_i p_{ij}} \tag{8.12}$$

mit $\gamma_{jB}^{(0)}$ nach (4.64).

Aus (8.7) und (8.11) erhalten wir für die bedingten Momente $\mu_{AB}^{(r)}$ ($r \geq 1$) (unter der Bedingung, daß A in B übergeht):

$$\mu_{AB}^{(r)} = \frac{q_{AB}^{(r)}}{p_{AB}} = \int_0^\infty x^r \, dF_{AB}(x) =$$

$$= \frac{\sum_{\varkappa=1}^{r} \binom{r}{\varkappa} \sum_{\substack{i\in A \\ j\in A}} p_i p_{ij} \mu_{ij}^{(\varkappa)} \gamma_{jB}^{(r-\varkappa)} + \sum_{\substack{i\in A \\ j\in B}} p_i p_{ij} \mu_{ij}^{(r)}}{\sum_{\substack{i\in A \\ j\in B}} p_i p_{ij}} , \qquad (8.13)$$

also speziell für die bedingte mittlere Verweildauer

$$\mu_{AB}^{(1)} = \frac{\sum_{\substack{i\in A \\ j\in A}} p_i p_{ij} \mu_{ij}^{(1)} \gamma_{jB}^{(0)} + \sum_{\substack{i\in A \\ j\in B}} p_i p_{ij} \mu_{ij}^{(1)}}{\sum_{\substack{i\in A \\ j\in B}} p_i p_{ij}} , \qquad (8.14)$$

($\gamma_{jB}^{(0)}$ nach (4.64)).

Für den Sonderfall $B = \overline{A}$ folgt aus (8.7), wie zu erwarten,

$$p_{A\overline{A}} = q_{A\overline{A}}^{(0)} = 1 . \qquad (8.15)$$

Für die mittlere Verweildauer in A **ergibt sich aus (4.71) und (8.6) mit (8.8)** die einfache Formel

$$\mu_{A\overline{A}}^{(1)} = \mu_A^{(1)} = q_{A\overline{A}}^{(1)} = \frac{\sum_{i\in A} p_i \mu_i^{(1)}}{\sum_{\substack{i\in A \\ j\in \overline{A}}} p_i p_{ij}} . \qquad (8.16)$$

Für $\underline{r>1}$ folgt aus (4.72) und (8.6) mit (8.8)

$$\mu_{A\bar{A}}^{(r)} = \mu_A^{(r)} = q_{A\bar{A}}^{(r)} = \frac{\sum_{\varkappa=1}^{r-1}\binom{r}{\varkappa}\sum_{\substack{i\in A\\ j\in A}} p_i p_{ij}\mu_{ij}^{(\varkappa)}\gamma_{j\bar{A}}^{(r-\varkappa)} + \sum_{i\in A} p_i\mu_i^{(r)}}{\sum_{\substack{i\in A\\ j\in \bar{A}}} p_i p_{ij}} , \quad (8.17)$$

($\gamma_{jB}^{(r-\varkappa)}$ nach (4.67) bzw. (4.68)).

Aus (4.61) folgt (für alle $i \in A$)

$$G_{i\bar{A}}(x) = \sum_{B\neq A} G_{iB}(x) \qquad (8.18)$$

(wobei über alle zu A und untereinander disjunkten Klassen B der Vergröberung zu summieren ist).

Mit (8.5), (8.9) und (8.15) erhalten wir dann

$$Q_{A\bar{A}}(x) = F_{A\bar{A}}(x) = \sum_{B\neq A} Q_{AB}(x) = \sum_{B\neq A} p_{AB}\, F_{AB}(x) = F_A(x) \qquad (8.19)$$

mit der Verteilungsfunktion $F_A(x)$ der Verweildauer in A (bis zum Verlassen von A). Für Klassen B mit $p_{AB} = 0$ kann $F_{AB}(x)$ beliebig angenommen werden. Für die Momente gilt entsprechend

$$\mu_A^{(r)} = \sum_{B\neq A} p_{AB}\mu_{AB}^{(r)} , \qquad (8.20)$$

also insbesondere

$$\mu_A^{(0)} = \sum_{B\neq A} p_{AB} = 1 \qquad (8.21)$$

und

$$\mu_A^{(1)} = \sum_{B\neq A} p_{AB}\mu_{AB}^{(1)} . \qquad (8.22)$$

8.2. Zustandswahrscheinlichkeiten

In Analogie zu 7. definieren wir die Größe $\Phi_{AB}(t,x)$ als die Wahrscheinlichkeit, daß zur Zeit t der Zustand (die Zustandsklasse) A besteht und spätestens zur Zeit t+x in B übergeht.

Wir beweisen den folgenden

Satz 8.1:

Für die Vergröberung eines stationären Semi-Markoff-Prozesses gilt

$$\Phi_{AB}(t,x) = \frac{\sum_{\substack{i\in A\\ j\in B}} p_i p_{ij}}{\mu^{(1)}} \int_0^x [1-F_{AB}(y)]\, dy \; . \tag{8.23}$$

Beweis:

Wir bezeichnen die Laplace-Stieltjes-Transformierten von $\Phi_{ik}(t,x)$ mit $\varphi_{ik}(s)$, die von $\Phi_{AB}(t,x)$ mit $\varphi_{AB}(s)$ und die von $F_{AB}(x)$ mit $f_{AB}(s)$. (Da alle Größen von t unabhängig sind, lassen wir t in der Bezeichnung fort.) Wir haben zu zeigen, daß aus (vgl. (7.2))

$$\varphi_{ik}(s) = \frac{p_i p_{ik}(1-f_{ik}(s))}{\mu^{(1)} s} \tag{8.24}$$

die Beziehung (vgl. (8.23))

$$\varphi_{AB}(s) = \frac{\left(\sum_{\substack{i\in A\\ j\in B}} p_i p_{ij}\right)(1-f_{AB}(s))}{\mu^{(1)} s} \tag{8.25}$$

folgt.

Nach der Regel von der totalen Wahrscheinlichkeit ist

$$\Phi_{AB}(t,x) = \sum_{\substack{i\in A\\ j\in A}} \Phi_{ij}(t,x) * G_{jB}(x) + \sum_{\substack{i\in A\\ j\in B}} \Phi_{ij}(t,x) \tag{8.26}$$

oder (mit (8.24))

$$\varphi_{AB}(s) = \frac{1}{\mu^{(1)}s}\Big[\sum_{\substack{i\in A\\ j\in A}} p_i p_{ij}(1-f_{ij}(s))g_{jB}(s) + \sum_{\substack{i\in A\\ j\in B}} p_i p_{ij}(1-f_{ij}(s))\Big].$$

Nach (4.62) bekommen wir daraus

$$\varphi_{AB}(s) = \frac{1}{\mu^{(1)}s}\Big[\sum_{\substack{i\in A\\ j\in A}} p_i p_{ij} g_{jB}(s) + \sum_{\substack{i\in A\\ j\in B}} p_i p_{ij} - \sum_{i\in A} p_i g_{iB}(s)\Big].$$

Wegen

$$\sum_{\substack{i\in A\\ j\in A}} p_i p_{ij} g_{jB}(s) = \sum_{j\in A}\Big(\sum_{i=1}^{m} p_i p_{ij}\Big) g_{jB}(s) - \sum_{\substack{j\in A\\ i\in \overline{A}}} p_i p_{ij} g_j(s) =$$

$$= \sum_{j\in A} p_j g_{jB}(s) - \sum_{\substack{j\in A\\ i\in \overline{A}}} p_i p_{ij} g_{jB}(s)$$

erhalten wir

$$\varphi_{AB}(s) = \frac{1}{\mu^{(1)}s}\Big[\sum_{\substack{i\in A\\ j\in B}} p_i p_{ij} - \sum_{\substack{i\in \overline{A}\\ j\in A}} p_i p_{ij} g_{jB}(s)\Big]$$

und hieraus mit (8.10) die Behauptung (8.25).

Es bezeichne $P_{AB}(t)$ die Wahrscheinlichkeit, daß zur Zeit t der Zustand A besteht und in B übergeht, sowie $P_A(t)$ die Wahrscheinlichkeit, daß zur Zeit der Zustand A besteht. Dann folgt aus (8.23)

$$P_{AB}(t) = \frac{\left(\sum\limits_{\substack{i\in A\\ j\in B}} p_i p_{ij}\right)\mu_{AB}^{(1)}}{\mu^{(1)}} \quad . \tag{8.27}$$

Mit $B = \overline{A}$ folgt aus (8.23) und (8.16)

$$(P_{A\overline{A}}(t)=)\ P_A(t) = \frac{\left(\sum\limits_{\substack{i\in A\\ j\in \overline{A}}} p_i p_{ij}\right)\mu_A^{(1)}}{\mu^{(1)}} = \frac{\sum\limits_{i\in A} p_i \mu_i^{(1)}}{\mu^{(1)}} \quad . \tag{8.28}$$

In (8.28) haben wir eine Verallgemeinerung von (7.6) erhalten. Offensichtlich gilt (folgt auch aus (8.26) und (8.18))

$$\Phi_{A\overline{A}}(t,x) = \sum_{B \neq A} \Phi_{AB}(t,x) \quad . \tag{8.29}$$

Auch zu (7.8) läßt sich eine analoge Formel angeben. Bezeichnen wir nämlich mit $\mu_{\overline{A}}^{(1)}$ die mittlere Verweildauer in $\overline{A}$, so gilt nach (8.16) (unter Berücksichtigung von (8.8))

$$\mu_{\overline{A}} = \frac{\sum\limits_{i\in \overline{A}} p_i \mu_i}{\sum\limits_{\substack{i\in A\\ j\in \overline{A}}} p_i p_{ij}} \quad . \tag{8.30}$$

Aus (8.16), (8.28) und (8.30) folgt sofort

$$P_A(t) = \frac{\mu_A^{(1)}}{\mu_A^{(1)} + \mu_{\overline{A}}^{(1)}} \quad . \tag{8.31}$$

Darin bedeutet

$$\mu_A^{(1)} + \mu_{\overline{A}}^{(1)} = \frac{\mu^{(1)}}{\sum_{\substack{i \in A \\ j \in \overline{A}}} p_i p_{ij}} = \mu_{A\overline{A},A\overline{A}}^{(1)} \tag{8.32}$$

den mittleren Abstand der A-Erneuerungen ($\overline{A}$-A-Übergänge) bzw. $\overline{A}$-Erneuerungen (A-$\overline{A}$-Übergänge). In (8.31) haben wir also eine zu (7.8) analoge Formel für Vergröberungen.

Abschließend bemerken wir noch, daß man (8.23), (8.27) und (8.28) formal völlig analog zu (7.4), (7.5) und (7.6) schreiben kann. Sind nämlich p_C die nach Satz 3.2 eindeutigen Lösungen des Gleichungssystems

$$p_C = \sum_{B \neq C} p_B p_{BC} \tag{8.33}$$

$$\sum_C p_C = 1 \tag{8.34}$$

(p_{BC} nach (8.7)),

wobei C alle Zustandsklassen der Vergröberung durchläuft, so gilt analog zu (7.4)

$$\Phi_{AB}(t,x) = \frac{p_A p_{AB}}{\mu^*} \int_0^x [1-F_{AB}(y)]\, dy \tag{8.35}$$

mit

$$\mu^* = \sum_C p_C \mu_C^{(1)} . \tag{8.36}$$

Und hieraus folgt mit $x \to \infty$

$$P_{AB}(t) = \frac{p_A p_{AB} \mu_{AB}^{(1)}}{\mu^*} \tag{8.37}$$

analog zu (7.5).

Mit (8.22) und (8.29) erhalten wir daraus

$$P_A(t) = \frac{p_A \mu_A^{(1)}}{\mu^*} \tag{8.38}$$

analog zu (7.6).

Zum Beweis zeigen wir, daß für

$$p_C = \alpha \sum_{\substack{i \in C \\ j \in \overline{C}}} p_i p_{ij} \tag{8.39}$$

mit dem Normierungsfaktor

$$\alpha = \left[\sum_C \left(\sum_{\substack{i \in C \\ j \in \overline{C}}} p_i p_{ij} \right) \right]^{-1} \tag{8.40}$$

die Beziehungen (8.33) bis (8.35) erfüllt sind:

Aus (8.7) und (8.39) folgt mit $C = A$

$$p_A p_{AB} = \alpha \sum_{\substack{i \in A \\ j \in B}} p_i p_{ij} \tag{8.41}$$

und hieraus (mit B statt A und C statt B) unter Berücksichtigung von (8.8) (mit C statt A)

$$\sum_{B \neq C} p_B p_{BC} = \alpha \sum_{B \neq C} \left(\sum_{\substack{i \in B \\ j \in C}} p_i p_{ij} \right) =$$

$$= \alpha \sum_{\substack{i \in \overline{C} \\ j \in C}} p_i p_{ij} = \alpha \sum_{\substack{i \in C \\ j \in \overline{C}}} p_i p_{ij} = p_C \; .$$

Also ist (8.33) erfüllt. Wegen (8.39) und (8.40) gilt auch (8.34).

Aus (8.16) (mit C statt A), (8.36) und (8.39) folgt

$$\mu^{*} = \alpha \sum_{C} \sum_{i \in C} p_i \mu_i = \alpha \sum_{i=1}^{m} p_i \mu_i = \alpha \mu^{(1)} . \tag{8.42}$$

Aus (8.41) und (8.42) folgt

$$\frac{p_A p_{AB}}{\mu^{*}} = \frac{\sum\limits_{\substack{i \in A \\ j \in B}} p_i p_{ij}}{\mu^{(1)}} \tag{8.43}$$

und hieraus mit (8.23) die Behauptung (8.35).

8.3. Abstände von Klassenübergängen

Statt der Abstände von h-k-Übergängen (4.3.4.) betrachten wir jetzt Abstände von A-B-Übergängen, wobei A und B beliebige elementfremde Klassen seien. Dazu definieren wir in völliger Analogie zu 8.1. die bedingte Wahrscheinlichkeit $Q_{AB,AB}(x|t)$, daß spätestens zur Zeit t+x ein A-B-Übergang (d.h. ein Übergang von einem Zustand $i \in A$ in einen Zustand $j \in B$) stattfindet, wenn zur Zeit t ein A-B-Übergang stattgefunden hat. Dabei erhalten wir analog zu (8.5) in 8.1.

$$Q_{AB,AB}(x|t) = Q_{AB,AB}(x) = \frac{\sum\limits_{\substack{i \in A \\ j \in B}} p_i p_{ij} G_{j,AB}(x)}{\sum\limits_{\substack{i \in A \\ j \in B}} p_i p_{ij}} . \tag{8.44}$$

Für die $G_{i,AB}(x)$ bekommen wir nach (4.2) mit $C = M$, $A \cap B = \emptyset$:

$$G_{i,AB}(x) = \sum_{j\in\overline{B}} p_{ij}F_{ij}(x)*G_{j,AB}(x)+\sum_{j\in B} p_{ij}F_{ij}(x) \quad \text{für } i \in A$$

(8.45)

$$G_{i,AB}(x) = \sum_{j\in M} p_{ij}F_{ij}(x)*G \qquad \text{für } i \in \overline{A} .$$

Für die Momente gilt zunächst wegen der Eindeutigkeit der Lösung von (4.20) und wegen (2.2)

$$\gamma_{i,AB}^{(0)} = 1 , \quad i = 1,\dots,m . \tag{8.46}$$

$Q_{AB,AB}(x)$ ist also, wie es sein muß, eine Verteilungsfunktion.

Für $r = 1$ gilt nach (4.21)

$$\gamma_{i,AB}^{(1)} = \sum_{j\in\overline{B}} p_{ij}\,\gamma_{j,AB}^{(1)} + \mu_i^{(1)} \qquad \text{für } i \in A ,$$

(8.47)

$$\gamma_{i,AB}^{(1)} = \sum_{j\in M} p_{ij}\gamma_{j,AB}^{(1)} + \mu_i^{(1)} \qquad \text{für } i \in \overline{A}$$

und für $r \geqq 2$

$$\gamma_{i,AB}^{(r)}=\sum_{j\in\overline{B}} p_{ij}\gamma_{j,AB}^{(r)}+\sum_{\kappa=1}^{r-1}\binom{r}{\kappa}\sum_{j\in\overline{B}} p_{ij}\mu_{ij}^{(\kappa)}\gamma_{j,AB}^{(r-\kappa)}+\mu_i^{(r)} \quad \text{für } i \in A,$$

(8.48)

$$\gamma_{i,AB}^{(r)}=\sum_{j\in M} p_{ij}\gamma_{j,AB}^{(r)}+\sum_{\kappa=1}^{r-1}\binom{r}{\kappa}\sum_{j\ M} p_{ij}\mu_{ij}^{(\kappa)}\gamma_{j,AB}^{(r-\kappa)}+\mu_i^{(r)} \quad \text{für } i \in \overline{A}.$$

Aus (8.47) erhalten wir, wenn wir mit p_i multiplizieren und über alle $i \in M$ summieren:

$$\sum_{i\in M} p_i \gamma_{i,AB}^{(1)} = \sum_{\substack{i\in A\\ j\in\overline{B}}} p_i p_{ij} \gamma_{j,AB}^{(1)} + \sum_{\substack{i\in\overline{A}\\ j\in M}} p_i p_{ij} \gamma_{j,AB}^{(1)} + \mu^{(1)} =$$

$$= \sum_{\substack{i\in M\\ j\in M}} p_i p_{ij} \gamma_{j,AB}^{(1)} - \sum_{\substack{i\in A\\ j\in B}} p_i p_{ij} \gamma_{j,AB}^{(1)} + \mu^{(1)} =$$

$$= \sum_{j\in M} p_j \gamma_{j,AB}^{(1)} - \sum_{\substack{i\in A\\ j\in B}} p_i p_{ij} \gamma_{j,AB}^{(1)} + \mu^{(1)} ,$$

woraus sofort

$$\sum_{\substack{i\in A\\ j\in B}} p_i p_{ij} \gamma_{j,AB}^{(1)} = \mu^{(1)} \tag{8.49}$$

folgt. Verfährt man mit (8.48) entsprechend, so erhält man für $r \geqq 2$

$$\sum_{\substack{i\in A\\ j\in B}} p_i p_{ij} \gamma_{j,AB}^{(r)} = \sum_{\kappa=1}^{r-1} \binom{r}{\kappa} \Big[\sum_{j\in\overline{B}} m_j^{(\kappa)} \gamma_{j,AB}^{(r-\kappa)} + \sum_{\substack{i\in\overline{A}\\ j\in B}} p_i p_{ij} \mu_{ij}^{(\kappa)} \gamma_{j,AB}^{(r-\kappa)} \Big] + \mu^{(r)} \tag{8.50}$$

mit $m_j^{(r)}$ nach (4.38).

Aus (8.44) und (8.49) erhalten wir den mittleren Abstand $\mu^{(1)}_{AB,AB}$ der A-B-Übergänge:

$$\mu^{(1)}_{AB,AB} = \frac{\mu^{(1)}}{\sum\limits_{\substack{i\in A\\ j\in B}} p_i p_{ij}} \quad , \tag{8.51}$$

wofür wir nach (8.43) formal

$$\mu_{AB,AB} = \frac{\mu^{*}}{p_A p_{AB}} \tag{8.52}$$

in Analogie zu (4.51) schreiben können.

Hieraus folgt mit (8.37)

$$P_{AB}(t) = \frac{\mu^{(1)}_{AB}}{\mu^{(1)}_{AB,AB}} \tag{8.53}$$

in Analogie zu (7.7).

Für $B = \bar{A}$ bekommen wir statt (8.51) wieder (8.32), wofür wir mit (8.53) (wegen $p_{AB} = 1$ für $B = \bar{A}$)

$$\mu^{(1)}_{A\bar{A},A\bar{A}} = \frac{\mu^{*}}{p_A} \tag{8.54}$$

in Analogie zu (4.40) schreiben können. Statt (8.53) bekommen wir (8.31).

Mit (8.44) und (8.50) kann man auch Ausdrücke für die höheren Momente angeben. Zur Berechnung der r-ten Momente ($r \geqq 2$) von $Q_{AB,AB}(x)$ sind dann die Momente $\gamma^{(\kappa)}_{i,AB}$ bis zur (r-1)-ten Ordnung durch Auflösen der Gleichungssysteme (8.47), (8.48) zu bestimmen.

8.4. Die triviale Vergröberung

Einen Spezialfall erhalten wir, wenn wir als triviale Vergröberung die ursprüngliche Einteilung in die Zustände 1,...,m betrachten. Man sieht leicht, daß diese Vergröberung wieder ein Semi-Markoff-Prozeß ist. Bezeichnen wir die zugehörigen Übergangswahrscheinlichkeiten mit $\hat{p}_{ik}$, die bedingten Verteilungsfunktionen mit $\hat{F}_{ik}(x)$, so erhalten wir den folgenden Zusammenhang mit dem ursprünglichen Semi-Markoff-Prozeß:

$$\hat{p}_{ik} = \begin{cases} p_{ik}/(1-p_{ii}) & \text{für } i \neq k \\ 0 \quad \text{für } i = k \end{cases} \tag{8.55}$$

$$\hat{F}_{ik}(x) = (1-p_{ii})F_{ik}(x) * \sum_{n=0}^{\infty} p_{ii}^{n} \, F_{ii}^{(n)}(x) \tag{8.56}$$

mit

$$F_{ii}^{(0)} = \begin{cases} 1 \text{ für } x \geqq 0 \,, \\ 0 \quad \text{sonst,} \end{cases} \quad F_{ii}^{(n)}(x) = \int_{-\infty}^{x} F_{ii}^{(n-1)}(x-t)dF_{ii}(t) \,.$$

Anschaulich bedeutet das, daß man die triviale Vergröberung aus dem ursprünglichen Prozeß dadurch erhält, daß man die Übergänge der Zustände in sich selbst nicht registriert. Falls $p_{ii} = 0$ für $i = 1,\dots,m$, sind triviale Vergröberung und ursprünglicher Prozeß identisch. Alle Semi-Markoff-Prozesse, bei denen jeder Übergang einen Zustandswechsel bedeutet, sind also in der Menge ihrer Vergröberungen enthalten. Dagegen ist ein Erneuerungsprozeß zwar ein spezieller Semi-Markoff-Prozeß(mit nur einem Zustand), doch ist er nicht als Vergröberung zu interpretieren, die ja mindestens zwei nicht leere Zustandsklassen voraussetzt.

9. Grenzwertsätze für nichtstationäre Semi-Markoff-Prozesse und Vergröberungen

Im allgemeinen Fall, d.h. ohne die Voraussetzung (6.2) der Stationarität ist die Anfangsverteilung $A_{ij}(x)$ beliebig vorgegeben. Die Übergänge vom Zustand h in den Zustand $k \neq h$ bilden auch hier (unter der Voraussetzung $p_{hk} > 0$) einen (im allgemeinen nichtstationären) Erneuerungsprozeß, dessen Erneuerungsabstände der Verteilungsfunktion $G_{k,hk}(x)$ genügen. Die Verteilungsfunktionen $G_{i,hk}(x)$ mit $i = 1,\dots,m$ sind dabei wieder eindeutig durch (4.41) mit C = M bestimmt. Der Zeitpunkt der ersten Erneuerung hat die durch (5.13) bestimmte Verteilungsfunktion $\Theta_{hk}(x)$.

Auch die k-Erneuerungen bilden einen Erneuerungsprozeß. Die Verteilungsfunktion G_{kk} der Erneuerungsabstände (vgl. 5.2.1.) ist wieder aus dem Gleichungssystem (4.26) mit A = C = M zu bestimmen. Für die Verteilungsfunktion $\Theta_k(x)$ des Zeitpunktes der ersten Erneuerung gilt die Gleichung (5.7).

9.1. Zustandswahrscheinlichkeiten

Bezeichnen wir die durch $\Theta_{hk}(x)$ und $G_{k,hk}(x)$ bestimmte Erneuerungsfunktion (vgl. (1.19)) mit $H_{hk}(t)$ und die durch $\Theta_k(x)$ und $G_{kk}(x)$ bestimmte Erneuerungsfunktion mit $H_k(t)$, so gilt (vgl. 6.2.)

$$H_k(t) = \sum_{h=1}^{m} H_{h,k}(t) \; . \tag{9.1}$$

In Analogie zu (7.3) gilt nun

$$\begin{aligned}\Phi_{ik}(t,x) &= A_{ik}(t+x)-A_{ik}(t) + \\ &+ \int_0^t [Q_{ik}(t+x-y)-Q_{ik}(t-y)]\, dH_i(y) = \\ &=A_{ik}(t+x)-A_{ik}(t)+p_{ik} \int_0^t \left[1-F_{ik}(t-y)-[1-F_{ik}(t+x-y)]\right] dH_i(y) \; .\end{aligned} \tag{9.2}$$

Wenn wir voraussetzen können, daß $G_{ii}(x)$ nicht arithmetisch ist (vgl. 1.3.1.), so können wir den Fundamentalsatz (Satz 1.5) anwenden und erhalten (mit (4.40))

$$\lim_{t\to\infty} \int_0^t \left[1-F_{ik}(t-y)-[1-F_{ik}(t+x-y)]\right] dH_i(y) =$$

$$= \frac{p_i}{\mu^{(1)}} \lim_{z\to\infty} \int_0^z \left[1-F_{ik}(y)-[1-F_{ik}(y+x)]\right] dy =$$

$$= \frac{p_i}{\mu^{(1)}} \int_0^\infty [1-F_{ik}(y)]\, dy - \frac{p_i}{\mu^{(1)}} \int_x^\infty [1-F_{ik}(y)]\, dy =$$

$$= \frac{p_i}{\mu^{(1)}} \int_0^x [1-F_{ik}(y)]\, dy \ .$$

Wegen $\lim\limits_{t\to\infty} A_{ik}(t+x) = \lim\limits_{t\to\infty} A_{ik}(t) = 1$ bekommen wir daher aus (9.2) den Grenzwertsatz [Pyke]

Satz 9.1:

Falls $G_{ii}(x)$ nicht arithmetisch ist, gilt

$$\lim_{t\to\infty} \Phi_{ik}(t,x) = \frac{p_i p_{ik}}{\mu^{(1)}} \int_0^x [1-F_{ik}(y)]\, dy \ . \tag{9.3}$$

Auf die gleiche Weise beweist man

$$\lim_{t\to\infty} P_{ik}(t) = \frac{p_i p_{ik} \mu_{ik}^{(1)}}{\mu^{(1)}} , \tag{9.4}$$

so daß (9.3) also auch für $x = \infty$ gilt.

Für die Zustandswahrscheinlichkeiten $\Phi_{AB}(t,x)$ (Definition in 8.2.) kann man mit Hilfe von (9.3) und (9.4) den entsprechenden Grenzwertsatz herleiten. (Man vergleiche dazu den Beweis von Satz 8.1.). Man erhält

Satz 9.2:

Falls die $G_{ii}(x)$ mit $i \in A$ nicht arithmetisch sind, gilt

$$\lim_{t\to\infty} \Phi_{AB}(t,x) = \frac{\sum\limits_{\substack{i\in A\\ j\in B}} p_i p_{ij}}{\mu^{(1)}} \int_0^x [1-F_{AB}(y)]\, dy \tag{9.5}$$

mit $F_{AB}(y)$ nach (8.10). Weiter ist

$$\lim_{t\to\infty} P_{AB}(t) = \frac{\left(\sum\limits_{\substack{i\in A\\ j\in B}} p_i p_{ij}\right)\mu_{AB}^{(1)}}{\mu^{(1)}} \tag{9.6}$$

mit $\mu_{AB}^{(1)}$ nach (8.14).

9.2. Bedingte Verweildauern

Für die Bestimmung der bedingten Verweildauern, wie wir sie für stationäre Prozesse in 8.1. durchgeführt haben, benötigen wir Abschätzungen der Wahrscheinlichkeit $\Phi_{ij}(t,y)$, daß zur Zeit t der Zustand i besteht und beim nächsten Übergang spätestens zur Zeit t+y in den Zustand j ($p_{ij} > 0$) übergeht. Aus der Definition von $\Phi_{ij}(t,y)$ folgt

$$\Phi_{ij}(t,y) \leq P\left\{N_{ij}(t+y)-N_{ij}(t) \geq 1\right\}, \tag{9.7}$$

wenn wir mit $N_{ij}(t)$ die Anzahl der i-j-Übergänge bis zur Zeit t bezeichnen. Nach dem Satz von Franken (Satz 1.2) gilt

$$P\left\{N_{ij}(t+y)-N_{ij}(t) \geqq 1\right\} = \int_{t}^{t+y} [1-G_{j,ij}(t+y-x)]\, dH_{ij}(x) \; , \qquad (9.8)$$

woraus

$$P\left\{N_{ij}(t+y)-N_{ij}(t) \geqq 1\right\} \leqq H_{ij}(t+y)-H_{ij}(t) \qquad (9.9)$$

und

$$P\left\{N_{ij}(t+y)-N_{ij}(t)\geqq 1\right\} \geqq [1-G_{j,ij}(y)]\,[H_{ij}(t+y)-H_{ij}(t)] =$$

$$\geqq [1-F(y)]\,[H_{ij}(t+y)-H_{ij}(t)] \qquad (9.10)$$

mit

$$F(y) = \max_{j} F_j(y), \quad F_j(y) = \sum_{k=1}^{m} p_{jk}F_{jk}(y)$$

folgt. Aus (9.7) und (9.9) erhalten wir

$$\Phi_{ij}(t,y) \leqq H_{ij}(t+y)-H_{ij}(t) \; . \qquad (9.11)$$

Andererseits gilt

$$P\left\{N_{ij}(t+y)-N_{ij}(t)\geqq 1\right\} \leqq \Phi_{ij}(t,y)+\sum_{(h,k)\neq(i,j)} \Phi_{hk}(t,y) * F_k(y) \leqq$$

$$\leqq \Phi_{ij}(t,y) + F(y) \sum_{(h,k)\neq(i,j)} \Phi_{hk}(t,y) \; , \qquad (9.12)$$

woraus mit (9.7) und (9.9) (h,k statt i,j) sowie (9.10)

$$\Phi_{ij}(t,y) \geqq H_{ij}(t+y)-H_{ij}(t)-F(y)\sum_{h,k}[H_{h,k}(t+y)-H_{hk}(t)]$$

$$= H_{ij}(t+y)-H_{ij}(t)-F(y)[H(t+y)-H(t)] \tag{9.13}$$

folgt. Darin ist

$$H(t) = \sum_{i,j} H_{ij}(t) = \sum_{j} H_j(t)$$

die "Erneuerungsfunktion" des Semi-Markoff-**Prozesses**,d.h. die mittlere Anzahl aller Übergänge des Prozesses bis zur Zeit t.

Aus (9.11) und (9.13) erhalten wir die zweiseitige Abschätzung für $\Phi_{ij}(t,y)$

$$H_{ij}(t+y)-H_{ij}(t)-F(y)[H(t+y)-H(t)] \leqq \Phi_{ij}(t,y) \leqq$$

$$= H_{ij}(t+y)-H_{ij}(t) \ . \tag{9.14}$$

Falls wir die Verteilungsfunktionen $G_{j,ij}(x)$ der Abstände der **i-j-Übergänge** als nicht arithmetisch voraussetzen können, gilt nach dem Satz von Blackwell (Satz 1.4)

$$\lim_{t\to\infty} [H_{ij}(t+y)-H_{ij}(t)] = \frac{p_i p_{ij}}{\mu^{(1)}} y \ , \tag{9.15}$$

$$\lim_{t\to\infty} \sum_{i} [H_{ij}(t+y)-H_{ij}(t)] =$$

$$= \lim_{t\to\infty} [H_j(t+y)-H_j(t)] = \sum_{i} \frac{p_i p_{ij}}{\mu^{(1)}} y = \frac{p_j}{\mu^{(1)}} y \tag{9.16}$$

und

$$\lim_{t\to\infty}[H(t+y)-H(t)] = \lim_{t\to\infty}\sum_j [H_j(t+y)-H_j(t)] = \frac{y}{\mu^{(1)}}. \qquad (9.17)$$

(Für einen stationären Semi-Markoff-Prozeß ist $\mu^{(1)}$ der mittlere Abstand aufeinanderfolgender Übergänge des Prozesses.)

Wir wenden uns nun wieder den bedingten Verweildauern (vgl. 8.1.) zu, deren Verteilung jedoch jetzt (im nichtstationären Fall) nicht mehr vom Beginnzeitpunkt unabhängig ist.

Aus (9.14), (9.15) und (9.17) folgt jedoch (wegen $F(y)\to 0$ für $y\to 0$), daß wir die Größe

$$\frac{\phi_{ij}(t,y)}{y}$$

bei hinreichend großem t und hinreichend kleinem y beliebig genau durch

$$\frac{p_i p_{ij}}{\mu^{(1)}}$$

approximieren können (vgl. auch (8.4) im stationären Fall). Und statt (8.1) und (8.5) erhalten wir den folgenden

Satz 9.2:

Die Verteilungsfunktionen $G_{j,ij}(x)$ $(i,j = 1,\dots,m)$ der Abstände der i-j-Übergänge seien nicht arithmetisch. Dann gibt es zu beliebig vorgegebenem $\varepsilon > 0$ ein $y_0 = y_0(\varepsilon)$ und hierzu ein $t_0 = t_0(y_0,\varepsilon)$ der Art, daß für alle y mit $0 < y \leq y_0$ und alle $t \geq t_0$

$$\sup_{x\geq 0}\left| Q_{AB}(x|t,y) - \frac{\sum\limits_{\substack{j\in A\\ i\in\bar{A}}} p_i p_{ij} G_{jB}(x)}{\sum\limits_{\substack{j\in A\\ i\in\bar{A}}} p_i p_{ij}}\right| < \varepsilon \qquad (9.18)$$

(mit $Q_{AB}(x|t,y)$ nach (8.3)) gilt.

Ganz entsprechend lassen sich die weiteren Ergebnisse von 8.1 modifizieren.

Wenn wir voraussetzen können, daß zu den Erneuerungsfunktionen $H_{ij}(t)$ Erneuerungsdichten

$$h_{ij}(t) = \frac{dH_{ij}(t)}{dt}$$

mit $h_{ij}(t) > 0$ existieren, dann folgt aus (9.14)

$$\lim_{y \to 0} \frac{\phi_{ij}(t,y)}{y} = h_{ij}(t) ,$$

und wir erhalten statt (8.5)

$$Q_{AB}(x|t) = \lim_{y \to 0} Q_{AB}(x|t,y) = \frac{\sum\limits_{\substack{j \in A \\ i \in \bar{A}}} h_{ij}(t) G_{jB}(x)}{\sum\limits_{\substack{j \in A \\ i \in \bar{A}}} h_{ij}(t)} , \tag{9.19}$$

und aus Satz 1.8 folgt

$$\lim_{t \to \infty} h_{ij}(t) = p_i p_{ij} / \mu^{(1)} , \tag{9.20}$$

also

$$\lim_{t \to \infty} Q_{AB}(x|t) = \frac{\sum\limits_{\substack{j \in A \\ i \in \bar{A}}} p_i p_{ij} G_{jB}(x)}{\sum\limits_{\substack{j \in A \\ i \in \bar{A}}} p_i p_{ij}} . \tag{9.21}$$

10. Hinreichende Bedingungen für die Gültigkeit der Grenzwertsätze

Im Zusammenhang mit den Grenzwertsätzen der Erneuerungstheorie und ihrer Anwendung in 9. ist es wichtig zu wissen, ob die dort geforderten Voraussetzungen an die Verteilungsfunktionen der Erneuerungsabstände erfüllt sind. Die Erneuerungsabstände sind jetzt die Abstände der i-j-Übergänge, und uns interessieren insbesondere hinreichende Bedingungen für die Verteilungsfunktionen $F_{hk}(x)$ der Zustandsdauern, die uns z.B. garantieren, daß die Abstände der i-j-Übergänge eine nicht arithmetische oder sogar differenzierbare Verteilungsfunktion haben.

Die Verteilungsfunktionen $G_{ij}(x)$ der Abstände der i-j-Übergänge kann man sich entstanden denken durch fortgesetzte Faltung und Mischung von Verteilungsfunktionen, wobei wir unter einer Mischung von Verteilungsfunktion $G_1(x),\dots,G_n(x)$ eine Linearkombination (Konvexkombination)

$$\alpha_1 G_1(x)+\dots+\alpha_n G_n(x)$$

mit

$$\alpha_i \geqq 0,\ i = 1,\dots,n;\ \sum_{i=1}^{n} \alpha_i = 1$$

verstehen.

10.1. Gitterförmige und arithmetische Verteilungsfunktionen

Wir bringen zunächst einige Sätze über Eigenschaften von bestimmten diskreten Verteilungsfunktionen.

Definition:

Eine Verteilungsfunktion $F(x)$ heißt gitterförmig (lattice), wenn sie eine Treppenfunktion ist, deren Sprungstellen $x_0, x_1, \dots$ sich in der Form

$$x_i = \alpha^* + k_i\lambda^*, \ \lambda^* > 0, \ k_i \text{ ganz} \tag{10.1}$$

darstellen lassen. Ist dies insbesondere mit $\alpha^* = 0$ möglich, so heißt $F(x)$ arithmetisch. Die Zahl λ^* heißt eine Schrittweite von $F(x)$. Sie heißt maximale Schrittweite, wenn es keine Darstellung

$$x_i = \alpha' + h_i'\lambda', \ \lambda' > 0, \ h_i' \text{ ganz}$$

mit $\lambda' > \lambda^*$ gibt. Eine Verteilungsfunktion heißt uneigentlich, wenn sie gitterförmig ist und nur eine einzige Sprungstelle besitzt, sonst eigentlich.

Offenbar ist eine eigentliche Verteilungsfunktion genau dann gitterförmig, wenn sie eine Treppenfunktion ist und wenn es ein $\lambda^* > 0$ der Art gibt, daß für beliebige Sprungstellen $x_i \neq x_j$ stets $x_i - x_j = k\lambda^*$ mit ganzzahligem k gilt.

Für die maximale Schrittweite gilt folgender

Satz 10.1:

Ist die eigentliche Verteilungsfunktion $F(x)$ gitterförmig mit den Sprungstellen $x_0, x_1, \ldots$, so gibt es eine eindeutige Darstellung

$$x_i = \alpha + h_i\lambda, \ \lambda > 0, \ h_i \text{ ganz}$$

mit maximalem λ und $0 \leqq \alpha < \lambda$. Für jede Schrittweite λ^* von $F(x)$ ist λ ein ganzzahliges Vielfaches von λ^*.

Beweis:

a) Aus (10.1) folgt

$$x_i = x_0 + (k_i - k_0)\lambda^* .$$

Es sei d der größte gemeinsame Teiler der $|k_i - k_0|$, $i=1,2,\ldots$.

Dann ist

$$x_i = x_o + k_i'\lambda \quad \text{mit } k_i' = \frac{k_i - k_o}{d}\,, \; \lambda = d\lambda^* \qquad (10.2)$$

eine Darstellung mit der gewünschten Maximaleigenschaft von λ. Zunächst sind nämlich die k_i' nach Voraussetzung teilerfremd. Für irgend ein λ' mit der Eigenschaft

$$x_i = \alpha' + h_i'\lambda', \quad \lambda' > 0, \quad h_i' \text{ ganz}$$

gilt

$$x_i = x_o + (h_i' - h_o')\lambda' \;,$$

woraus mit (10.2)

$$k_i'\lambda = (h_i' - h_o')\lambda' \quad \text{oder} \quad \frac{k_i'}{h_i' - h_o'} = \frac{\lambda'}{\lambda} = \frac{r}{s}$$

mit teilerfremden natürlichen Zahlen r und s folgt. Dann ist

$$k_i's = (h_i' - h_o')r \quad ,$$

also ist r gemeinsamer Teiler aller k_i', woraus (wegen der Teilerfremdheit der k_i') $r = 1$ folgt. Also gilt $\lambda' = \lambda/s$ wie behauptet, und λ ist maximal.

b) Aus (10.2) folgt

$$x_i = \alpha + h_i\lambda$$

mit $0 \leq \alpha < \lambda$, wenn wir $\alpha = x_o - \left[\frac{x_o}{\lambda}\right]\lambda$ und $h_i = k_i' + \left[\frac{x_o}{\lambda}\right]$ setzen.

c) Aus

$$\alpha_1 + h_i^{(1)}\lambda = \alpha_2 + h_i^{(2)}\lambda$$

mit $0 \leqq \alpha_1 < \lambda$ und $0 \leqq \alpha_2 < \lambda$ folgt

$$|\alpha_1-\alpha_2| = |h_i^{(1)}-h_i^{(2)}| \ \lambda < \lambda, \text{ also } h_i^{(1)} = h_i^{(2)}$$

für alle i und $\alpha_1 = \alpha_2$, d.h. die Darstellung ist eindeutig.

Aus dem Beweis von Satz 10.1 folgt, daß eine Schrittweite λ einer eigentlichen gitterförmigen Verteilungsfunktion genau dann maximal ist, wenn die $\left|\frac{x_i-x_j}{\lambda}\right|$; i,j = 0,1,..., keinen gemeinsamen Teiler haben [Gnedenko-Kolmogorov]. Analog beweist man den

Satz 10.2:

Ist F(x) arithmetisch, so gibt es genau ein $\lambda^+ > 0$ der Art, daß alle Sprungstellen von der Form

$$x_i = k_i\lambda^+, \ k_i \text{ ganz}$$

sind und für jedes λ' mit der Eigenschaft

$$x_i = k_i'\lambda' \ , \ \lambda' > 0, \ k_i' \text{ ganz}$$

λ^+ ein ganzzahliges Vielfaches von λ' ist.

Die gitterförmigen Verteilungsfunktionen sind durch die Parameter α und λ, die arithmetischen durch den Parameter λ^+ charakterisiert. Wir geben noch folgende

Definition:

Die in Satz 10.1 definierte Größe α heißt der Lokalisierungspunkt der **gitterförmigen** Verteilungsfunktion F(x). Ist F(x) arithmetisch, so heißt die durch Satz 10.2 definierte Größe λ^+ die maximale 0-Schrittweite von F(x).

Es gilt schließlich der

Satz 10.3:

Eine gitterförmige Verteilungsfunktion mit Lokalisierungspunkt $\alpha > 0$ ist genau dann arithmetisch, wenn λ/α rational ist. Ist $\frac{\lambda}{\alpha} = \frac{r}{s}$ mit teilerfremden r und s, so gilt

$$\lambda^+ = \frac{\lambda}{r} = \frac{\alpha}{s} .$$

Beweis:

a) Ist $\frac{\lambda}{\alpha} = \frac{r}{s}$ mit natürlichen r und s, so sei $\lambda^0 = \frac{\lambda}{r} = \frac{\alpha}{s}$.
Wegen

$$x_i = \alpha + k_i'\lambda = (s + k_i' r)\lambda^0$$

ist F(x) dann arithmetisch.

b) Ist F(x) arithmetisch, so gilt

$$x_i = k_i\lambda^+ = \alpha + h_i'\lambda$$

mit teilerfremden k_i. Hieraus folgt

$$k_i = \frac{\alpha}{\lambda^+} + h_i' \frac{\lambda}{\lambda^+} .$$

Da λ/λ^+ natürliche Zahl ist, ist auch α/λ^+ natürliche Zahl, also

$$\frac{\lambda}{\lambda^+} = r , \quad \frac{\alpha}{\lambda^+} = s \text{ und } \frac{\lambda}{\alpha} = \frac{r}{s} .$$

Wegen der Teilerfremdheit der k_i sind r und s teilerfremd. Für λ^+ folgt, wie behauptet,

$$\lambda^+ = \frac{\lambda}{r} = \frac{\alpha}{s} .$$

Beispiel: F(x) habe Sprungstellen an den Stellen $2 \pm 3k$, $k=0,1,2,\ldots$. Dann ist

$$\alpha = 2, \ \lambda^+ = 1, \ \lambda = 3 .$$

10.2. Faltung von Verteilungsfunktionen

Wir betrachten jetzt Faltungen von Verteilungsfunktionen und speziell Stetigkeitseigenschaften von solchen Faltungsprodukten. Dazu brauchen wir den Begriff des Steigungspunktes einer Verteilungsfunktion.

Definition:

Ein Punkt x_0 heißt Steigungspunkt (point of increase) der Funktion $F(x)$, wenn $F(z)-F(y) > 0$ für alle y, z mit $y < x_0 < z$ gilt.

Für die Steigungspunkte gilt der

Satz 10.4:

Ist x_0 ein Steigungspunkt von $F(x)$ und gibt es in (y,z) mit $y < x_0 < z$ keine weiteren Steigungspunkte von $F(x)$, so ist x_0 Sprungstelle von $F(x)$ und es gilt

$$F(x) = \begin{cases} F_-(x_0) & \text{für } y \leqq x < x_0 \\ F(x_0) & \text{für } x_0 \leqq x < z \end{cases}$$

mit $F_-(x_0) = \lim_{h \to +0} F(x_0 - h)$.

Beweis:

Nach Voraussetzung gibt es um jeden Punkt eines beliebigen Intervalles $[x_1,x_2]$ mit $x_0 < x_1 < x_2 < z$ ein offenes Intervall, in dem $F(x)$ konstant ist. Dann folgt aus dem Satz von Heim-Borel, daß $F(x)$ in $[x_1,x_2]$, d.h. aber wegen der rechtsseitigen Stetigkeit in $[x_0,z)$ konstant ist mit $F(x) = F(x_0)$. Analog folgt die Konstanz von $F(x)$ in $[y,x_0)$ mit $F(x) = F_-(x_0)$.

Für die Faltung $F(x) * G(x)$ zweier Verteilungsfunktionen gilt nach [Feller II, S.144] der

Satz 10.5:

Ist a Steigungspunkt der Verteilungsfunktion $F(x)$ und b Steigungspunkt der Verteilungsfunktion $G(x)$, so ist a+b Steigungspunkt von $F(x) * G(x)$. Sind a und b Sprungstellen, dann ist auch a+b Sprungstelle (von $F(x)*G(x)$). Alle Sprungstellen von $F(x)*G(x)$ sind von dieser Form.

Jetzt können wir folgenden Satz beweisen.

Satz 10.6:

Es sei

$$G(x) = G_1(x)*\dots*G_M(x)$$

mit eigentlichen Verteilungsfunktionen $G_1(x),\dots,G_M(x)$.
Dann gilt:
Ist $G(x)$ gitterförmig mit den Sprungstellen $x_i = \alpha^*+k_i\lambda^*$, so sind auch die $G_i(x)$ $(i = 1,\dots,M)$ gitterförmig mit maximalen Schrittweiten λ_i, die ganzzahlige Vielfache von λ^* sind, und Lokalisierungspunkten α_i mit der Eigenschaft

$$\alpha_1+\dots+\alpha_M \equiv \alpha^* \bmod \lambda^* .$$

Beweis:

a) Wir schreiben $G(x) = G_i(x)*\tilde{G}_i(x)$. Sind x_{i1} und x_{i2} beliebige Wachstumsstellen von $G_i(x)$ und y eine Wachstumsstelle von $\tilde{G}_i(x)$, so sind nach Satz 10.5 $y+x_{i1}$ und $y+x_{i2}$ Wachstumsstellen, d.h. also Sprungstellen von $G(x)$. Also gilt nach Voraussetzung

$$(y+x_{i1})-(y+x_{i2}) = x_{i1}-x_{i2} = k\lambda^*$$

mit ganzzahligem k. Nach Satz 10.4 ist dann $G_i(x)$ gitterförmig und λ^* ist eine Schrittweite von $G_i(x)$.

Nach Satz 10.1 ist die maximale Schrittweite λ_i von $G_i(x)$ ein ganzzahliges Vielfaches von λ^*.

b) Sind jetzt $\lambda_i = n_i\lambda^*$ die maximalen Schrittwerte der $G_i(x)$, so gilt für eine beliebige Sprungstelle $x = \alpha^* + n\lambda^*$ von $G(x)$ nach **Satz 10.5 die Darstellung**

$$\alpha^* + n\lambda^* = \sum_{i=1}^{M} (\alpha_i + n_i\lambda^* k_i) \quad ,$$

woraus $\alpha_1 + \ldots + \alpha_M \equiv \alpha^* \mod \lambda^*$ folgt.

Aus Satz 10.6 folgt: Wenn keine der Verteilungsfunktionen $G_1(x),\ldots,G_M(x)$ gitterförmig ist, so kann auch $G_1(x)*\ldots*G_M(x)$ nicht gitterförmig, erst recht also nicht arithmetisch sein. Dagegen kann das Faltungsprodukt von gitterförmigen Verteilungsfunktionen $G_1(x),\ldots,G_M(x)$ arithmetisch sein, ohne daß eine der Funktionen $G_1(x),\ldots,G_M(x)$ arithmetisch ist. Dies ist z.B. dann der Fall, wenn alle $G_i(x)$ gitterförmig mit gleicher maximaler Schrittweite λ sind und für die Lokalisierungspunkte $\alpha_1,\ldots,\alpha_M$ die Beziehung

$$\alpha_1 + \ldots + \alpha_M \equiv 0 \mod \lambda$$

gilt.

10.3. Mischung von Verteilungsfunktionen

Eine analoge Aussage erhalten wir für die Mischung von Verteilungsfunktionen. Es gilt

Satz 10.7:

Es sei

$$G(x) = \beta_1 G_1(x) + \ldots + \beta_M G_M(x), \ \beta_i > 0, \ i = 1,\ldots,M, \ \sum_{i=1}^{M} \beta_i = 1$$

mit Verteilungsfunktionen $G_1(x),\ldots,G_M(x)$. Dann gilt: Ist $G(x)$ **gitterförmig mit maximaler Schrittweite** λ, **so sind alle** $G_i(x)$ **gitterförmig mit maximalen Schrittweiten** λ_i, **die ganzzahlige Vielfache von** λ **sind.**

Beweis: Jeder Steigungspunkt von $G_i(x)$ ist Steigungspunkt von $G(x)$, also kann $G_i(x)$ nur Treppenfunktion mit Sprungstellen der Form $\alpha+k\lambda$ haben. Also ist $G_i(x)$ gitterförmig, und nach Satz 10.2 ist λ_i ein ganzzahliges Vielfaches von λ.

10.4. Verteilungsfunktionen der Erneuerungsabstände

Jetzt sind wir in der Lage, eine einfache hinreichende Bedingung dafür anzugeben, daß die Verteilungsfunktionen der Abstände von h-k-Übergängen (mit $p_{hk} > 0$) und der Abstände der i-Erneuerungen (für alle i) nicht arithmetisch sind, so daß der Fundamentalsatz anwendbar ist:

Satz 10.8:

Unter den Verteilungsfunktionen $F_{ij}(x)$ mit $p_{ij} > 0$ gebe es wenigstens eine, die nicht gitter**förmig ist.**Dann haben die Abstände der h-k-Übergänge mit $p_{hk} > 0$ und die Abstände der i-Erneuerungen für alle i Verteilungsfunktionen, die nicht arithmetisch sind.

Beweis: **Es sei** $F_{r,s}(x)$ **mit** $p_{rs} > 0$ **nicht gitterförmig.** Die Verteilungsfunktion der h-k-Abstände ($p_{hk} > 0$) bezeichnen wir mit $G_{hk}(x)$. Aus der Irredizibilität der Matrix (p_{ij}) folgt, daß es eine Folge

$$k = i_o, i_1, \ldots, i_{f-1} = h,\ i_f = k$$

gibt mit $p_{i_\varrho\, i_{\varrho+1}} > 0$, $\varrho = 0,\ldots,f-1$ sowie mit $i_\varrho = r$, $i_{\varrho+1} = s$ für mindestens ein ϱ und $i_\varrho = h$, $i_{\varrho+1} = k$ nur für $\varrho = f-1$.

Dann ist

$$G_{hk}(x) = \prod_{\varrho=0}^{f-1} p_{i_\varrho i_{\varrho+1}} F_{i_o i_1}(x)*\ldots*F_{hk}(x) +$$

$$+\left[1-\prod_{\varrho=0}^{f-1} p_{i_\varrho i_{\varrho+1}}\right]\tilde{G}_{hk}(x)$$

mit einer Verteilungsfunktion $\tilde{G}_{hk}(x)$.

(Im Fall eines streng periodischen Prozesses (alle Übergangswahrscheinlichkeiten haben den Wert 0 oder 1) entfällt der zweite Summand.)

Aus der Annahme, $G_{hk}(x)$ sei arithmetisch, folgt nach Satz 10.7, daß $F_{i_o,i_1}(x)*\ldots*F_{hk}(x)$ gitterförmig ist, und hieraus folgt nach Satz 10.6, daß alle $F_{i_\varrho,i_{\varrho+1}}(x)$ gitterförmig sind, insbesondere also $F_{rs}(x)$ im Widerspruch zur Annahme. Also ist $G_{hk}(x)$ nicht arithmetisch. Ganz analog beweist man, daß die Verteilungsfunktionen der Abstände der i-Erneuerungen unter der angegebenen Voraussetzung nicht arithmetisch sind.

10.5. Erneuerungsdichten

In Formel (9.19) haben wir die Existenz der Erneuerungsdichten $h_{ij}(t)$ mit

$$h_{ij}(t) = \frac{dH_{ij}(t)}{dt}, \quad i \in \bar{A},\ j \in A$$

und $h_{ij}(t) > 0$ vorausgesetzt. Wir wollen jetzt eine hinreichende Bedingung dafür angeben, daß für beliebige h,k mit $p_{hk} > 0$ die Erneuerungsdichte

$$h_{hk}(t) = \frac{dH_{hk}(t)}{dt} > 0$$

existiert.

Dazu beweisen wir den folgenden

Satz 10.9:

Alle Verteilungsfunktionen $F_{ij}(x)$ mit $p_{ij} > 0$ mögen eine beschränkte und stetige Dichte $\varphi_{ij}(x)$ haben. Weiter mögen alle Verteilungsfunktionen $B_{ij}(x)$ (vgl. (5.2)) mit $\alpha_{ij} > 0$ eine stetige Dichte haben.

Dann existieren die Erneuerungsdichten $h_{hk}(t)$ der durch die h-k-Übergänge (mit $p_{hk} > 0$) definierten Erneuerungsprozesse, und es gilt

$$h_{hk}(t) = \frac{dH_{hk}(t)}{dt} . \tag{10.3}$$

Für hinreichend großes t ist stets $h_{hk}(t) > 0$.

Beweis:

Nach 1.2.4. ist (10.3) erfüllt, wenn die Verteilungsfunktionen $\Theta_{hk}(x)$ (vgl. 5.2.2.) und $G_{hk}(x)$ (vgl. 10.4.) Dichten haben und wenn die zu $\Theta_{hk}(x)$ gehörende Dichte stetig ist.

Die Verteilungsfunktion $G_{hk}(x)$ ist die in (4.41) mit $G_h(x)$ bezeichnete Funktion, die durch (4.41) mit C = M eindeutig bestimmt ist. Aus der Existenz der beschränkten und stetigen Dichten $\varphi_{ij}(x)$ folgt mit (4.41), daß die $G_i(x)$ Dichten haben und hieraus (wieder mit (4.41)) nach Satz 1.1, daß diese Dichten, insbesondere also die zu $G_{hk}(x)$ gehörende Dichte, beschränkt und stetig sind. Hieraus folgt mit (5.13), daß zu Θ_{hk} eine stetige Dichte gehört (vgl. [Feller II, S.143, Theorem 4; S.141, Theorem 1]).

11. Spezielle Semi-Markoff-Prozesse und Anwendungen

Wir werden nun die sehr allgemein gehaltenen Voraussetzungen über die Übergangswahrscheinlichkeiten und über die Verteilungsfunktionen der Zustandsdauern spezialisieren. Wir beginnen mit einer Spezialisierung, die zu den bekannten Markoff-Prozessen mit stetigem Zeitparameter und diskretem endlichem Zustandsraum führt [Bharucha-Reid].

11.1. Markoffprozesse

Zahlreiche physikalische und technische Prozesse mit endlich vielen Zuständen lassen sich in folgender Weise beschreiben:

Wenn zu einer beliebigen Zeit t der Zustand i $(i = 1,\dots,m)$ besteht, so geht er - unabhängig von den Zuständen und Übergängen vor der Zeit t - mit der Wahrscheinlichkeit $\lambda_{ik}h+o(h)$ im Intervall $(t,t+h]$ in den **Zustand** k über. Dabei sind die λ_{ik} $(i,k = 1,\dots,m)$ fest vorgegebene nicht negative Größen. Aus dieser Annahme folgt unter der Voraussetzung $\lambda_{i1}+\dots+\lambda_{im} > 0$, $i = 1,\dots,m$:

$$p_{ik} = \lambda_{ik}/\lambda_i \tag{11.1}$$

mit

$$\lambda_i = \lambda_{i1}+\dots+\lambda_{im}$$

und

$$F_{ik}(x) = 1-e^{-\lambda_i x} \quad . \tag{11.2}$$

Beweis:

Zur Zeit t_o bestehe der Zustand i. Wir fragen nach der Wahrscheinlichkeit $Q_{ik}(x)$, daß im Intervall $(t_o,t_o+x]$ ein Übergang in den Zustand k stattfindet.

Nach Voraussetzung ist dieses Ereignis unabhängig davon, ob der Übergang in den Zustand i zur Zeit t_o oder früher stattgefunden

hat. Daher ist $Q_{ik}(x)$ also auch die Wahrscheinlichkeit, daß innerhalb der Zeit x nach einem Übergang in den Zustand i ein Übergang in den Zustand k eintritt. Wir setzen
$h_n = x/n$.

Aus den Voraussetzungen folgt: Wenn zum Zeitpunkt t_0+jh_n $(j = 0, \ldots, n-1)$ (noch) der Zustand i besteht, so findet mit der Wahrscheinlichkeit

$$1-\lambda_i h_n + o(h_n)$$

im Intervall $(t_0+jh_n,\ t_0+(j+1)h_n]$ kein Übergang in einen anderen Zustand statt. Die Wahrscheinlichkeit, daß der Zustand i in $(t_0,\ t_0+jh_n]$ erhalten bleibt und in $(t_0+jh_n,\ t_0+(j+1)h_n]$ in den Zustand k übergeht, ist dann von der Größe

$$[1-\lambda_i h_n+o(h_n)]^j\ [\lambda_{ik}h_n+o(h_n)] .$$

Die gesuchte, von n unabhängige Übergangswahrscheinlichkeit $Q_{ik}(x)$ erhalten wir daraus durch Summation über $j = 0,\ldots,n-1$:

$$Q_{ik}(x) = \frac{1-[1-\lambda_i h_n+o(h_n)]^n}{\lambda_i h_n+o(h_n)}\ [\lambda_{ik}h_n+o(h_n)] .$$

Wegen

$$\lim_{n\to\infty} [1-\lambda_i h_n+o(h_n)]^n =$$

$$= \lim_{n\to\infty} [1-\lambda_i x/n+o(\lambda_i x/n)]^n = e^{-\lambda_i x}$$

folgt daraus durch den Grenzübergang $n \to \infty$

$$Q_{ik}(x) = \frac{\lambda_{ik}}{\lambda_i}\ (1-e^{-\lambda_i x}) \quad ,$$

was mit (11.1) und (11.2) gleichbedeutend ist.

Die durch (11.1) und (11.2) definierten Semi-Markoff-Prozesse sind gerade die Markoff-Prozesse mit stetigem Zeitparameter und diskretem (in unserem Fall endlichem) Zustandsraum. Die mittleren Zustandsdauern $\mu_{ik}^{(1)}$ hängen nicht von k ab. Nach (11.2) ist

$$\mu_{ik}^{(1)} = \mu_i^{(1)} = \frac{1}{\lambda_i} \quad . \tag{11.3}$$

11.1.1. Zustandswahrscheinlichkeiten und mittlere Übergangsabstände

Für die Wahrscheinlichkeit, daß zur Zeit t der Zustand i besteht und innerhalb der Zeit x in den Zustand k übergeht, erhalten wir nach (7.2) mit (11.1) bis (11.3) im stationären Fall

$$\Phi_{ik}(t,x) = p_i \lambda_{ik}(1-e^{-\lambda_i x})/(\lambda_i{}^2 \mu^{(1)}) \tag{11.4}$$

mit

$$\mu^{(1)} = \sum_{j=1}^{m} p_j \mu_j^{(1)} = \sum_{j=1}^{m} p_j/\lambda_j \quad . \tag{11.5}$$

Dabei sind die p_j $(j = 1,\ldots,m)$ die eindeutigen Lösungen des Gleichungssystems (vgl. (3.7), (3.8) und (11.1))

$$\sum_{i=1}^{m} p_i \lambda_{ij}/\lambda_i = p_j; \quad j = 1,\ldots,m; \tag{11.6}$$

$$\sum_{i=1}^{m} p_i = 1 \quad . \tag{11.7}$$

Für die Wahrscheinlichkeit, daß zur Zeit t der Zustand i besteht und in den Zustand k übergeht, bekommen wir nach (7.5)

$$p_{ik}(t) = p_i\lambda_{ik}/(\lambda_i{}^2\mu^{(1)}) , \tag{11.8}$$

und für die Wahrscheinlichkeit, daß zur Zeit t der Zustand i besteht, gilt nach (7.6)

$$p_i(t) = p_i/(\lambda_i\mu^{(1)}) . \tag{11.9}$$

Der mittlere Abstand der i-k-Übergänge beträgt nach (4.51) und (11.1)

$$\gamma^{(1)}_{k,ik} = \lambda_i\mu^{(1)}/(p_i\lambda_{ik}) ; \tag{11.10}$$

für den mittleren Abstand der Übergänge in den Zustand k gilt wieder (4.40).

11.1.2. Aufenthaltsdauern

Bei der Untersuchung physikalischer oder technischer Zufallsprozesse tritt häufig das folgende Problem auf (vgl. auch 4.3.6.):

Zur Zeit $t_o = 0$ befindet sich das System in einem Zustand $i \in A$. Gefragt wird nach der Wahrscheinlichkeit $G_i(t)$, daß innerhalb der Zeit t die Zustandsklasse A verlassen wird. Offenbar ist $G_i(t)$ die Verteilungsfunktion der Zeit bis zum Verlassen der Klasse A bzw. bis zum Eintritt in die komplementäre Klasse $\overline{A}$. Mit (11.1) und (11.2) erhalten wir aus (4.2), wobei wir $A = C$, $B = \overline{A}$ zu setzen haben (Gleichungen mit $i \in C-A$ kommen nicht vor):

$$G_i(t) = \sum_{j\in A} \lambda_{ij} e^{-\lambda_i t} \int_0^t G_j(x) e^{\lambda_i x} dx + \frac{1}{\lambda_i} \sum_{j\in\overline{A}} \lambda_{ij}(1-e^{-\lambda_i t}), \quad i\in A. \tag{11.11}$$

Aus (11.11) folgt zunächst die Stetigkeit von $G_i(t)$ und damit wiederum aus (11.11) die Differenzierbarkeit von $G_i(t)$ (in $t = 0$ von rechts). Nach Multiplikation mit $e^{\lambda_i t}$ erhalten wir durch Differenzieren und Multiplikation mit $e^{-\lambda_i t}$:

$$\frac{d}{dt} G_i(t) = \sum_{j\in A}(\lambda_{ij}-\delta_{ij}\lambda_i)G_j(t)+ \sum_{j\in \overline{A}} \lambda_{ij},\ G_i(0)=0,\ i\in A \qquad (11.12)$$

mit

$$\delta_{ij} = \begin{cases} 1 \text{ für } j = i \\ 0 \text{ sonst ,} \end{cases}$$

also ein inhomogenes System von Differentialgleichungen erster Ordnung für die $G_i(t)$. Führen wir statt der $G_i(t)$ ihre Komplemente $\overline{G}_i(t) = 1-G_i(t)$ ein, so wird aus (11.12) das homogene Differentialgleichungssystem:

$$\frac{d}{dt} \overline{G}_i(t) = \sum_{j\in A} (\lambda_{ij}-\delta_{ij}\lambda_i)\ \overline{G}_j(t),\ \overline{G}_i(0) = 1,\ i \in A\ . \qquad (11.13)$$

Analog zu (11.12) erhält man wegen

$$f_{ij}(s) = \int_0^\infty e^{-sx}\lambda_i e^{-\lambda_i x} dx = \frac{\lambda_i}{\lambda_i+s}$$

aus (4.3) für die Laplace-Stieltjes-Transformierten

$$g_i(s) = \int_0^\infty e^{-sx} dG_i(x)$$

das inhomogene lineare Gleichungssystem

$$sg_i(s) = \sum_{j\in A} (\lambda_{ij}-\delta_{ij}\lambda_i)g_j(s)+ \sum_{j\in\overline{A}} \lambda_{ij},\ i \in A\ . \qquad (11.14)$$

Zur Lösung von (11.14) stehen die bekannten Methoden analytischer und numerischer Art zur Verfügung (Lösung von Systemen homogener linearer Differentialgleichungen erster Ordnung mit konstanten Koeffizienten, [Zurmühl]).

11.1.2.1. Momente der Aufenthaltsdauern

Einer einfacheren Schreibweise wegen nehmen wir an, daß die betrachtete Klasse A gerade die Zustände 1,...,w enthalte ($1 \leqq w < m$).

Zur Berechnung der Momente $\gamma_i^{(r)}$ ($r = 1,2,\ldots$) der Verteilungsfunktionen $G_i(t)$ ($i = 1,\ldots,w$) ziehen wir die Formeln (4.67) und (4.68) heran. Für die Momente $\mu_i^{(r)}$ der Zustandsdauern gilt wegen (11.2)

$$\mu_i^{(r)} = \int_0^\infty x^r \lambda_i e^{-\lambda_i x} dx = \frac{r!}{\lambda_i^r} \quad . \tag{11.15}$$

Nach (4.67) erhalten wir nun für die mittleren Aufenthaltsdauern ${}_i^{(1)}$ in A das Gleichungssystem

$$\gamma_i^{(1)} = \sum_{j=1}^{w} \frac{\lambda_{ij}}{\lambda_i} \gamma_j^{(1)} + \frac{1}{\lambda_i} \quad , \qquad i = 1,\ldots,w \; . \tag{11.16}$$

Für $r > 1$ folgt aus (4.68) nach einfacher Umformung

$$\frac{\gamma_i^{(r)}}{r!} = \sum_{j=1}^{w} \frac{\lambda_{ij}}{\lambda_i} \frac{\gamma_j^{(r)}}{r!} + \sum_{\varkappa=1}^{r-1} \sum_{j=1}^{w} \frac{\lambda_{ij}}{\lambda_i^{\varkappa+1}} \frac{\gamma_j^{(r-\varkappa)}}{(r-\varkappa)!} + \frac{1}{\lambda_i^r} \; . \tag{11.17}$$

Mit den Spaltenvektoren ($r \geqq 1$)

$$\gamma^{(r)} = (\gamma_1^{(r)},\ldots,\gamma_w^{(r)})' \text{ und } m^{(r)} = \left(\frac{r!}{\lambda_1^r},\ldots,\frac{r!}{\lambda_w^r}\right)' \tag{11.18}$$

und den w-reihigen quadratischen Matrizen ($r \geqq 1$)

$$T^{(r)} = \left(\frac{\lambda_{ij}}{\lambda_i^{\;r}}\right) \tag{11.19}$$

können wir statt (11.16) und (11.17)

$$\left[I-T^{(1)}\right]\gamma^{(1)} = m^{(1)} \tag{11.20}$$

und für $r > 1$

$$\left[I-T^{(1)}\right]\frac{\gamma^{(r)}}{r!} = \sum_{\kappa=1}^{r-1} T^{(\kappa+1)}\frac{\gamma^{(r-\kappa)}}{(r-\kappa)!} + \frac{m^{(r)}}{r!} \tag{11.21}$$

schreiben. Als Lösungen erhalten wir (vgl. (4.2.)

$$\gamma^{(1)} = \left[I-T^{(1)}\right]^{-1} m^{(1)} \tag{11.22}$$

und für $r>1$

$$\frac{\gamma^{(r)}}{r!} = \left[I-T^{(1)}\right]^{-1} \sum_{\kappa=1}^{r-1} T^{(\kappa+1)}\frac{\gamma^{(r-\kappa)}}{(r-\kappa)!} + \frac{m^{(r)}}{r!} \quad . \tag{11.23}$$

Für $r = 2$ und $r = 3$ bekommen wir z.B. die expliziten Formeln

$$\frac{\gamma^{(2)}}{2} = \left[I-T^{(1)}\right]^{-1}\left[T^{(2)}\gamma^{(1)} + \frac{m^{(2)}}{2}\right] \tag{11.24}$$

und

$$\frac{\gamma^{(3)}}{3!} = \left[I-T^{(1)}\right]^{-1}\left[T^{(2)}\frac{\gamma^{(2)}}{2} + T^{(3)}\gamma^{(1)} + \frac{m^{(3)}}{3!}\right]. \tag{11.25}$$

Wir betrachten jetzt ein Beispiel aus der Theorie der Zuverlässigkeit.

11.1.3. Beispiel

Zur Erhöhung der Zuverlässigkeit eines technischen Systems kann man Reservesysteme einsetzen, die bei Ausfall des eigentlichen Systems eingeschaltet werden. Das Gesamtsystem besteht dann z.B. aus zwei vollständigen, gleichwertigen Systemen A und B, von denen immer eines arbeitet, während das andere als Reserve bereitsteht oder repariert wird. Zum Umschalten im Bedarfsfall ist eine Schalteinrichtung (Schalter) S vorgesehen, die selbst wieder ausfallen kann.

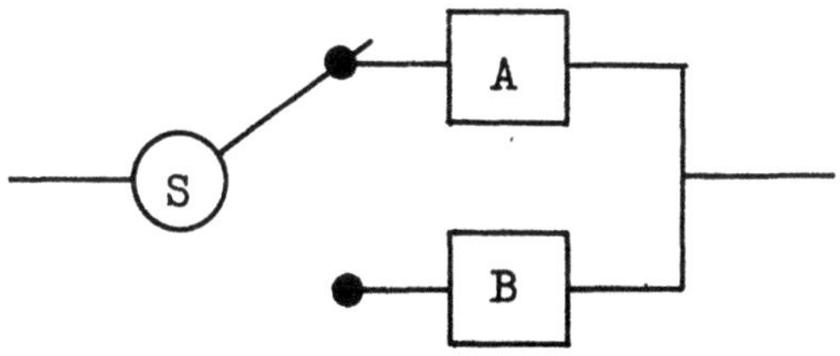

Bild 11.1

Beschreibung des Systems:

Das Gesamtsystem befindet sich im Normalzustand, wenn eines der Systeme, z.B. A, arbeitet und das andere System B und die Schalteinrichtung S funktionsfähig sind. Fällt A aus, so gibt es zwei Möglichkeiten:

1. Schalter S ist funktionsfähig und schaltet auf B um, A wird repariert.

2. Schalter S ist vor A ausgefallen und kann nicht umschalten. Das System fällt aus. Eine Wartungsperson muß auf B umschalten, A wird repariert, S wird repariert.

Das Ausfallen von S wird also erst bemerkt, wenn S zum Umschalten gebraucht wird.

Ein Ausfall des Gesamtsystems kann außerdem dadurch eintreten, daß während der Reparatur des einen Systems das andere ausfällt. Insgesamt gibt es 8 wesentlich verschiedene Zustände des Systems, wenn wir annehmen, daß A und B gleiche Eigenschaften haben, und Zustände zusammenfassen, die durch Vertauschen der Zustände von A und B ineinander übergehen:

1 = (a,r,1): Ein System in Betrieb (aktiv), eines in Reserve, Schalter funktionsfähig.

2 = (a,0,1): Ein System in Betrieb, eines ausgefallen (in Reparatur), Schalter funktionsfähig.

3 = $(a,r,0_u)$: Ein System in Betrieb, eines in Reserve, Schalter unbemerkt ausgefallen.

4 = (a,0,0): Ein System in Betrieb, das andere ausgefallen (in Reparatur), Schalter ausgefallen.

5 = (a,r,0): Ein System in Betrieb, das andere in Reserve, Schalter ausgefallen (in Reparatur).

6 = (0,r,0): Ein System ausgefallen, das andere (infolge ausgefallenen Schalters) nicht eingeschaltet (in Reserve), Schalter ausgefallen.

7 = (0,0,1): Beide Systeme ausgefallen (eines in Reparatur), Schalter funktionsfähig.

8 = (0,0,0): Alles ausgefallen (ein System in Reparatur).

Bei jedem Ausfall beginnt die Wartungsperson ihre Tätigkeit, indem sie zunächst das ausgefallene System repariert (bzw. bei Eintritt von Zustand 6 das Reservesystem manuell einschaltet) und, falls auch der Schalter ausgefallen ist, anschließend diesen repariert. Fällt während der Schalterreparatur (Zustand 5) das aktive System aus, so soll die Wartungsperson in der Lage sein, das Reservesystem sofort (ohne Ausfall des Gesamtsystems) manuell einzuschalten. Von dem als Reserve bereitstehenden System wird angenommen, daß es bei Ausfall des anderen Systems mit Sicherheit betriebsbereit ist (kalte Reserve).

Die Systeme A und B mögen die konstante Ausfallrate α_1 haben. Das heißt: Ein System, das zur Zeit t aktiv ist, fällt mit der Wahrscheinlichkeit $e^{-\alpha_1 x}$ nicht vor der Zeit t+x aus. Entsprechend habe der Schalter S die Ausfallrate α_2. Die Reparatur eines Systems dauere mit der Wahrscheinlichkeit $e^{-\beta_1 x}$, die Reparatur des Schalters mit der Wahrscheinlichkeit $e^{-\beta_2 x}$ länger als x. Ist Zustand 6 eingetreten (durch Übergang aus Zustand 3 infolge Ausfalls des aktiven Systems), so möge das Einschalten des Reservesystems (Übergang in Zustand 4) mit der Wahrscheinlichkeit $e^{-\beta_3 x}$ länger als x dauern.

Für die 8 Zustände des Systems ergeben sich dann die folgenden Übergangsmöglichkeiten:

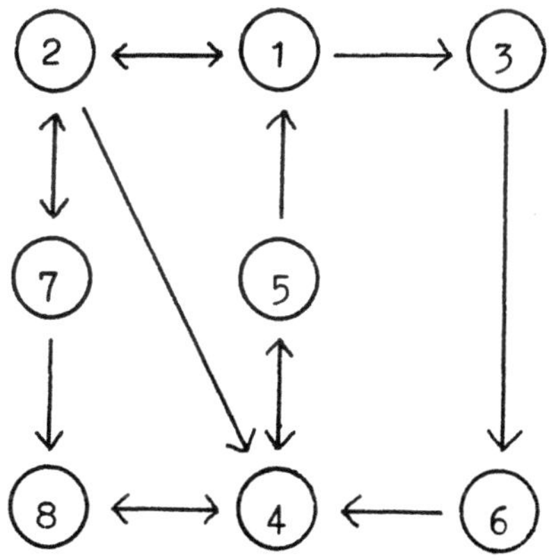

Bild 11.2

Die Größen λ_{ik}, aus denen sich nach (11.1) und (11.2) die Übergangswahrscheinlichkeiten p_{ik} und die Verteilungsfunktionen $F_{ik}(x)$ ergeben, erhalten wir folgendermaßen:

Zur Zeit t bestehe der Zustand 1. Dann ist $\alpha_1 h + o(h)$ die Wahrscheinlichkeit, daß innerhalb h durch Ausfall des aktiven Systems der Zustand 2 eintritt. Und mit der Wahrscheinlichkeit $\alpha_2 h+o(h)$ tritt innerhalb h der Zustand 3 durch Ausfall von S ein. Die Wahrscheinlichkeit, daß innerhalb h einer der Zustände 4 bis 8 eintritt, ist von der Größe o(h). Also ist

$$\lambda_{12} = \alpha_1, \ \lambda_{13} = \alpha_2, \ \lambda_{1k} = 0 \quad \text{für } k = 4,\ldots,8$$

und

$$\lambda_1 = \lambda_{12}+\lambda_{13} = \alpha_1+\alpha_2 \ .$$

Analog verfahren wir mit den Zuständen 2 bis 8 und erhalten das folgende Schema für die λ_{ik}:

Tabelle der λ_{ik}

i \ k	1	2	3	4	5	6	7	8
1		α_1	α_2					
2	β_1			α_2			α_1	
3						α_1		
4					β_1			α_1
5	β_2			α_1				
6				β_2				
7		β_1						α_2
8				β_1				

Für die λ_i bekommen wir

$$\begin{aligned} \lambda_1 &= \alpha_1+\alpha_2 & \lambda_5 &= \alpha_1+\beta_2 \\ \lambda_2 &= \alpha_1+\alpha_2+\beta_1 & \lambda_6 &= \beta_3 \\ \lambda_3 &= \alpha_1 & \lambda_7 &= \alpha_2+\beta_1 \\ \lambda_4 &= \alpha_1+\beta_1 & \lambda_8 &= \beta_1 \end{aligned} \tag{11.26}$$

Als für die Zuverlässigkeit des Systems interessante Zustandsklasse A wählen wir die Zustände 1 bis 5, in denen das Gesamtsystem funktionsfähig ist. Die Funktion $\overline{G}_i(t)$ $(i = 1,\ldots,5)$ ist jetzt die Wahrscheinlichkeit, daß das System zur Zeit t noch funktioniert, wenn es zur Zeit $t_o = 0$ im Zustand i war. Nach (11.13) bekommen wir das folgende Differentialgleichungssystem in den Funktionen $\overline{G}_1(t),\ldots,\overline{G}_5(t)$:

$$\begin{aligned} \frac{d}{dt}\overline{G}_1(t) &= -(\alpha_1+\alpha_2)\overline{G}_1(t)+\alpha_1\overline{G}_2(t)+\alpha_2\overline{G}_1(t) \\ \frac{d}{dt}\overline{G}_2(t) &= \beta_1\overline{G}_1(t)-(\alpha_1+\alpha_2+\beta_1)\overline{G}_2(t) \quad +\alpha_2\overline{G}_4(t) \\ \frac{d}{dt}\overline{G}_3(t) &= -\alpha_1\overline{G}_3(t) \\ \frac{d}{dt}\overline{G}_4(t) &= -(\alpha_1+\beta_1)\overline{G}_4(t)+\beta_1\overline{G}_5(t) \\ \frac{d}{dt}\overline{G}_5(t) &= \beta_2 G_1(t) \quad +\alpha_1\overline{G}_4(t)-(\alpha_1+\beta_2)\overline{G}_5(t) \end{aligned} \tag{11.27}$$

$$\overline{G}_i(0) = 1,\ i = 1,\ldots,5 \ .$$

Für die numerische Lösung dieses Systems nehmen wir z.B. folgende technische Daten als gegeben an:

1. Die Systeme A und B haben die Ausfallrate $\alpha_1 = 10^{-3}\ h^{-1}$ (das entspricht einer mittleren Zeit bis zum ersten Ausfall (mittlere Lebensdauer) von 1000 Stunden).

2. Der Schalter S habe die Ausfallrate $\alpha_2 = 5 \cdot 10^{-4}$ (mittlere Lebensdauer 2000 Stunden).

3. Die mittlere Reparaturzeit für A oder B betrage 1 Stunde. Dann ist $\beta_1 = 1 h^{-1}$.

4. Die mittlere Reparaturzeit für S sei eine halbe Stunde: $\beta_2 = 0{,}5\ h^{-1}$.

5. Die mittlere Zeit, die bei Funktionsunfähigkeit des Schalters zum manuellen Umschalten benötigt wird, betrage 15 Minuten: $\beta_3 = 0{,}25\ h^{-1}$.

Die Lösungen $\overline{G}_1(t),\dots,\overline{G}_5(t)$ sind Linearkombinationen von Exponentialfunktionen. Die numerische Berechnung liefert den in Bild 11.1 dargestellten Verlauf.*) Die Funktionen $\overline{G}_1(t)$, $\overline{G}_2(t)$, $\overline{G}_4(t)$ und $\overline{G}_5(t)$ unterscheiden sich nur sehr wenig (die Abweichungen liegen innerhalb der Zeichengenauigkeit).

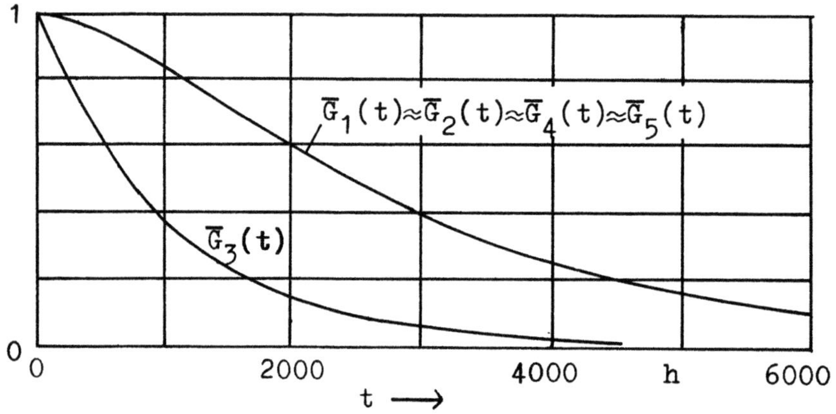

Bild 11.3

*) Die Bestimmung der Funktionen $\overline{G}_1(t),\dots,\overline{G}_5(t)$ sowie der inversen Matrix $[I-T^{(1)}]^{-1}$ mit Hilfe eines Rechnerprogramms hat freundlicherweise Herr Dipl.-Math. J. Winckler übernommen.

Zur Bestimmung der Momente $\gamma_i^{(r)}$ der Verteilungsfunktionen $G_i(t)$ $(i = 1,\ldots,5)$ nach (11.22) und (11.23) benötigen wir, wenn wir uns auf die ersten k Momente beschränken, die Vektoren $m^{(1)},\ldots,m^{(k)}$ und die Matrizen $T^{(2)},\ldots,T^{(k)}$ sowie die Matrix $[I-T^{(1)}]^{-1}$. Mit den angenommenen Werten für α_1,α_2, β_1,β_2,β_3 bekommen wir z.B. nach (11.18) und (11.19)

$$m^{(1)} = \begin{pmatrix} 666{,}667^h \\ 0{,}998502^h \\ 1000^h \\ 0{,}999001^h \\ 0{,}199601^h \end{pmatrix}$$

und

$$T^{(1)} = \begin{pmatrix} 0 & 0{,}666667 & 0{,}333333 & 0 & 0 \\ 0{,}998502 & 0 & 0 & 0{,}000499251 & \\ 0 & 0 & 0 & 0 & 0 \\ 0 & 0 & 0 & 0 & 0{,}999001 \\ 0{,}998004 & 0 & 0 & 0{,}00199601 & 0 \end{pmatrix}.$$

Für die Inverse $[I-T^{(1)}]^{-1}$ ergibt sich

$$[I-T^{(1)}]^{-1} =$$

$$\begin{pmatrix} 2{,}99405 & 1{,}99604 & 0{,}998014 & 0{,}000998516 & 0{,}000997519 \\ 2{,}99105 & 2{,}99405 & 0{,}997017 & 0{,}00149777 & 0{,}00149627 \\ 0 & 0 & 1 & 0 & 0 \\ 2{,}99105 & 1{,}99404 & 0{,}997015 & 1{,}003 & 1{,}00199 \\ 2{,}99404 & 1{,}99604 & 0{,}998012 & 0{,}00299851 & 1{,}003 \end{pmatrix}$$

Berechnung der mittleren Verweildauern $\gamma_i^{(1)}$ nach (11.22) liefert jetzt

$$\gamma_1^{(1)} = 2996{,}0610 \quad h$$

$$\gamma_2^{(1)} = 2994{,}0582 \quad h$$

$$\gamma_3^{(1)} = 1000 \quad h$$

$$\gamma_4^{(1)} = 2994{,}2598 \quad h$$

$$\gamma_5^{(1)} = 2996{,}1963 \quad h$$

Die $\gamma_i^{(1)}$ sind die mittleren Zeiten bis zum ersten Totalausfall des Systems, wenn sich das System zu Beginn im Zustand i befindet. Man erkennt leicht, daß die Unzuverlässigkeit des Systems wesentlich dadurch bestimmt ist, daß der Ausfall des Schalters nicht bemerkt wird und daher Zustand 3 immer zum Ausfall führt. Bemerkenswert ist, daß Zustand 5 (durch die Anwesenheit der Reparaturperson) als Anfangszustand geringfügig günstiger ist als Zustand 1.

Die höheren Momente $\gamma_i^{(r)}$ sind mit Hilfe von (11.18), (11.19) und (11.23) ebenfalls leicht zu berechnen.

Für den zugehörigen stationären Prozeß kann man nun, wie in 8. beschrieben, die Verteilung der Verweildauern in A und die zugehörigen Momente berechnen. Für den nichtstationären Prozeß sind dies gleichzeitig die entsprechenden Grenzwerte. Die Größen p_i (i = 1,...,8) sind durch Auflösen des Gleichungssystems (3.7), (3.8) zu bestimmen.

11.2. Verallgemeinerte Geburt- und Tod-Prozesse (Birth and death processes)

Bei den praktischen Anwendungen kommen sehr häufig Prozesse vor, bei denen jeder Zustand i (i = 1,...,m) nur in seine Nachbarzustände i-1 und i+1 (bzw. nur in 2 für i = 1 und nur in m-1 für i = m) übergehen kann. Dies ist z.B. bei vielen Warteschlagen-und Lagerhaltungsproblemen der Fall. Diese Prozesse, die im Fall der Markoff-Prozesse mit stetigem Zeitparameter und diskretem Zustandsraum als Geburt- und Tod-Prozesse (birth and death processes) bezeichnet werden, wollen wir als verallgemeinerte Geburt- und Tod-Prozesse bezeichnen. Wir setzen also

$$p_{ik} \begin{cases} >0 \text{ für } k = i-1 \geqq 1,\ k = i+1 \leqq m\ , \\ 0 \quad \text{sonst.} \end{cases} \tag{11.28}$$

(Wegen der geforderten Irreduzibilität muß das >-Zeichen gelten.)

Mit den Abkürzungen

$$p_{i,i-1} = \alpha_i, p_{i,i+1} = \beta_i,\ \alpha_i+\beta_i = 1;\ i = 1,\dots,m; \tag{11.29}$$
$$(p_{m,m-1} = \alpha_m = p_{1,2} = \beta_1 = 1)$$

bekommen wir dann nach (3.7) und (3.8) für die $p_1,\dots,p_m$ das Gleichungssystem

$$\begin{aligned} p_1 &= \alpha_2 p_2\ , \\ p_i &= \alpha_{i+1}p_{i+1}+\beta_{i-1}p_{i-1}\ ,\ 2 \leqq i \leqq m-1\ ; \\ p_m &= \beta_{m-1}p_{m-1}\ ; \\ \sum_{i=1}^{m} p_i &= 1\ . \end{aligned} \tag{11.30}$$

(Für m = 2 erhalten wir sofort die triviale Lösung $p_1 = p_2 = 1/2$.)

Wie man durch Einsetzen sofort bestätigt, hat (11.30) die Lösung

$$p_i = \delta_i/(\sum_{j=1}^{m} \delta_j)\ ,\ i = 1,\dots,m \tag{11.31}$$

mit

$$\delta_i = \begin{cases} 1 & \text{für } i = 1 \\ \dfrac{\beta_1 \ldots \beta_{i-1}}{\alpha_2 \ldots \alpha_i} & \text{für } i = 2,\ldots,m\,. \end{cases} \tag{11.32}$$

Mit (11.30), (11.31) und (11.32) läßt sich für den stationären Fall nach (8.16) die mittlere Verweildauer $\mu_A^{(1)}$ für eine beliebige Zustandsklasse A angeben. Einen verhältnismäßig einfachen geschlossenen Ausdruck erhält man, wenn A von der Form

$$A = \{r, r+1, \ldots, s\}, \quad 1 \leqq r \leqq s \leqq m, \quad s-r < m-1 \tag{11.33}$$

ist. Dann gilt offenbar

$$\mu_A = \frac{\sum_{i=r}^{s} \delta_i \mu_i}{\delta_r \alpha_r + \delta_s \beta_s} \quad . \tag{11.34}$$

Die Wahrscheinlichkeit $P_A(t)$, daß (bei stationärem Prozeß) zur Zeit t die Zustandsklasse A (mit der Eigenschaft (11.33)) besteht, ist nach (8.28)

$$P_A(t) = \frac{\sum_{i=r}^{s} \delta_i \mu_i}{\sum_{i=1}^{m} \delta_i \mu_i} \quad . \tag{11.35}$$

Als einfaches Anwendungsbeispiel betrachten wir das folgende Irrfahrtproblem: Ein Teilchen möge die Zustände 1,...,m durchwandern. Die Aufenthaltsdauern seien in allen Zuständen im Mittel von der gleichen Länge μ. Die Übergangswahrscheinlichkeiten seien konstant:

$$\alpha_i = p \; ; \quad i = 2,\ldots,m-1 \; ;$$

$$\beta_i = 1-p \; ; \quad i = 2,\ldots,m-1 \; ;$$

$$\alpha_1 = \beta_m = 0 \; ; \quad \alpha_m = \beta_1 = 1 \; .$$

Nach (11.32) bekommen wir

$$\delta_i = \begin{cases} 1 & \text{für } i = 1 \\ \frac{1}{1-p}\, \alpha^{i-1} & \text{für } i = 2,\ldots,m \end{cases} \tag{11.36}$$

mit

$$\alpha = \frac{1-p}{p} \quad .$$

Für $r = 2$, $s = m$ ist μ_A die Zeit, die das Teilchen im Mittel braucht, um nach Verlassen des Zustandes 1 wieder in den Zustand 1 zurückzukehren. Wir bekommen nach (11.34) und (11.36) für $m > 2$

$$\mu_A = \mu \, \frac{1}{p} \sum_{j=0}^{m-2} \alpha^j \quad . \tag{11.37}$$

Falls $p \neq 1/2$, können wir stattdessen

$$\mu_A = \mu \, \frac{1-\left(\frac{1-p}{p}\right)^{m-1}}{2p-1} \tag{11.38}$$

schreiben. Man erkennt, daß bei festen $p \leqq \frac{1}{2}$ die mittlere Wiederkehrzeit μ_A mit $m \to \infty$ ebenfalls gegen ∞ strebt.

11.3. Geburt- und Tod-Prozesse

Zum (gewöhnlichen) Geburt- und Tod-Prozeß kommen wir, wenn wir den Markoff-Prozeß (vgl. (11.1.) betrachten, der durch die Parameter λ_{ik} mit

$$\lambda_{ik} \begin{cases} >0 & \text{für } k = i-1 \geqq 1,\ k = i+1 \leqq m \\ 0 & \text{sonst} \end{cases} \tag{11.39}$$

gekennzeichnet ist. Zur Abkürzung setzen wir

$$\lambda_{i,i-1} = \varkappa_i,\ \lambda_{i,i+1} = \nu_i,\ i = 1,\ldots,m \tag{11.40}$$

$$(\varkappa_1 = \nu_m = 0)$$

und bekommen

$$\alpha_i = \frac{\varkappa_i}{\varkappa_i+\nu_i},\ \beta_i = \frac{\nu_i}{\varkappa_i+\nu_i},\ i = 1,\ldots,m \tag{11.41}$$

$$(\alpha_m = \beta_1 = 1,\ \alpha_1 = \beta_m = 0)\ .$$

Weiter ist (vgl. (11.15))

$$\mu_i = \frac{1}{\lambda_i} = \frac{1}{\varkappa_i+\nu_i}\quad . \tag{11.42}$$

Aus (11.32), (11.34), (11.41) und (11.42) folgt jetzt

$$\mu_A = \frac{\sum_{i=r}^{s} \varrho_i}{\varkappa_r\varrho_r+\nu_s\varrho_s} \tag{11.43}$$

mit

$$\varrho_i = \begin{cases} 1 \text{ für } i = 1 \\ \dfrac{\nu_1 \cdots \nu_{i-1}}{\varkappa_2 \cdots \varkappa_i} \text{ für } i = 2,\ldots,m \, . \end{cases} \tag{11.44}$$

Für $P_A(t)$ bekommt man aus (11.32), (11.35), (11.41) und (11.42)

$$P_A(t) = \frac{\sum\limits_{i=}^{s} \varrho_i}{\sum\limits_{i=1}^{m} \varrho_i} \, . \tag{11.45}$$

Als Beispiel betrachten wir ein einfaches Vermittlungssystem der Nachrichtentechnik, das aus N Leitungen besteht, die von ankommenden Anrufen belegt werden können (sogenanntes vollkommenes Leitungsbündel). Die Anrufabstände sind unabhängig voneinander exponentiell verteilt mit dem Mittelwert a, ebenso die Belegungsdauern mit dem Mittelwert b. Es gibt m = N+1 Zustände. Der Zustand i (i = 1,...,N+1) bedeutet "i-1 Leitungen belegt". Im Zustand N+1 können keine Anrufe mehr angenommen werden (Verlustsystem). Aus den beschriebenen Annahmen folgt

$$\varkappa_i = (i-1)/b; \; i = 1,\ldots,N+1;$$

$$\nu_i = 1/a; \; i = 1,\ldots,N; \; \nu_{N+1} = 0 \, .$$

Dann folgt mit (11.44)

$$\varrho_i = \frac{\alpha^{i-1}}{(i-1)!} \, ; \quad i = 1,\ldots,N+1 \tag{11.46}$$

mit

$$\alpha = b/a \, .$$

Setzen wir z.B. $r = 2$, $s = m = N+1$, so ist A der Zustand "mindestens eine Leitung belegt". Für die mittlere Dauer μ_A dieses Zustandes erhalten wir, wenn wir (11.46) in (11.43) einsetzen,

$$\mu_A = a \sum_{j=1}^{N} \frac{\alpha^j}{j!} .$$

Mit $r = 1$, $s = m-1 = N$ ist μ_A die mittlere Dauer des Zustandes "nicht alle Leitungen belegt". Diese mittlere Dauer bezeichnet man auch als "mittleren Spitzenabstand". Wir erhalten

$$\mu_A = a \frac{(N-1)!}{\alpha^{N-1}} \sum_{j=0}^{N-1} \frac{\alpha^j}{j!} .$$

Mit $r = s = N+1$, $A = \{N+1\}$ ist $P_A(t)$ die Wahrscheinlichkeit, daß zur Zeit t alle Leitungen belegt sind. Wir bekommen mit (11.45) die nach A.K.Erlang benannte "Verlustformel"

$$P_A(t) = \frac{\frac{\alpha^N}{N!}}{\sum_{j=0}^{N} \frac{\alpha^j}{j!}} .$$

12. Nicht behandelte Probleme

Die in dieser Arbeit beschriebenen Ergebnisse lassen sich in verschiedenen Richtungen modifizieren und verallgemeinern. Einige Möglichkeiten seien hier genannt:

1. Markoff-Ketten

Der zu den Verteilungsfunktionen

$$F_{ij}(x) = \begin{cases} 0 & \text{für } x < 1 \\ 1 & \text{für } x \geqq 1 \end{cases}$$

gehörende stationäre Semi-Markoff-Prozeß ist keine stationäre Markoffkette (diese hat nur an den Stellen $t = 1,2,\ldots$ Übergänge). Alle Ergebnisse über Semi-Markoff-Prozesse lassen sich aber leicht auf Markoff-Ketten übertragen.

2. Semi-Markoff-Prozesse mit arithmetischen Verteilungsfunktionen

Für den Fall arithmetischer Verteilungsfunktionen haben die Grenzwertsätze der Erneuerungstheorie [Feller I und II] eine etwas andere Form. Entsprechendes gilt für die Semi-Markoff-Prozesse. Dabei wären die Bedingungen zu untersuchen, unter denen die Verteilungsfunktionen der Erneuerungsabstände der eingebetteten Erneuerungsprozesse arithmetisch sind.

3. Semi-Markoff-Prozesse mit abzählbar unendlichem Zustandsraum

Die Verallgemeinerung auf abzählbar viele Zustände dürfte keine Schwierigkeiten machen [Pyke und Schaufele 1964, 1966]. Jedoch spielt in diesem Fall die Klasseneinteilung der Zustände einer Markoff-Kette in wiederkehrende, durchgehende und Null-Zustände (vgl. 2.2) eine entscheidende Rolle.

4. Semi-Markoff-Prozesse mit Hilfspfaden

Eine Verallgemeinerung der Semi-Markoff-Prozesse sind die Semi-Markoff-Prozesse mit Hilfspfaden [Pyke und Schaufele 1966, Schäl 1969]. Diese Hilfspfade beschreiben stochastische Prozesse, die auf den Abschnitten zwischen aufeinanderfolgenden Übergängen der Semi-Markoff-Prozesse definiert sind. Damit kann man z.B. gewisse Warteschlangenmodelle (z.B. das Modell [M,G,1] mit Poisson-Input, beliebiger Verteilung der Abfertigungszeiten und einem Bedienungsorgan) erfassen, die mit Semi-Markoff-Prozessen nicht beschreibbar sind.

Literatur

Barlow, R.E., Applications of Semi-Markov processes to counter problems. In: Studies in applied probability and management science. Stanford: Stanford University Press 1962

Barlow, R.E. and Proschan F., Mathematical theory of reliability. New York, London, Sydney: Wiley 1965

Bauer, H., Wahrscheinlichkeitstheorie und Grundzüge der Maßtheorie. Berlin: de Gruyter 1968

Bharucha-Reid, A.T., Elements of the theory of Markov processes and their applications. New York, Toronto, London: McGraw-Hill 1960

Blackwell, D., A renewal theorem. Duke Math. J. 15(1948), 145-150

Doetsch, G., Anleitung zum praktischen Gebrauch der Laplace-Transformation, 2. Auflage. München: Oldenbourg 1961

Doob, J.L., Stochastic processes. New York: Wiley 1953

Feller, W., An introduction to probability theory and its applications. New York: Band I: 1. Auflage Wiley 1950, 3. Auflage Wiley 1968, Band II: Wiley 1966

Franken, P., Approximation durch Poissonsche Prozesse. Math.Nachr. 26 (1963), 101-114

Fréchet, M., Recherches théoriques modernes sur le calcul des probabilités, 2. Auflage, Band 1 und 2. Paris: Gauthier-Villars 1950

Gnedenko, B.W., und Kolmogorov, A.N., Grenzverteilungen von Summen unabhängiger Zufallsgrößen. Berlin 1959: Akademie-Verlag

Johnson, N.L., A proof of Wald's theorem on cumulative sums. Ann.Math.Statist. 30 (1959), 1245-1247

Kemeny, J.G., and Snell, J.L., Finite Markov chains. Princeton: van Nostrand 1967

Krickeberg, K., Wahrscheinlichkeitstheorie. Stuttgart: Teubner 1963

Mecke, J., Zum Problem der Zerlegbarkeit stationärer zufälliger Punktfolgen. Math. Nachr. 35 (1967), 311-321

Molina, E.C., Poisson's exponential binomial limit. New York: van Nostrand 1947

Pyke, R., Markov renewal processes: Definitions and preliminary properties. Ann. Math. Statist. 32 (1961), 1231-1242

Pyke, R., Markov renewal processes with finitely many states. Ann. Math. Statist. 32 (1961), 1243-1259

Pyke, R., and Schaufele, R., Limit theorems for Markov renewal processes: Ann. Math. Statist. 35 (1964), 1746-1764

Pyke, R., and Schaufele, R., The existence and uniqueness of stationary measures for Markov renewal processes: Ann. Math. Statist. 37 (1966), 1439-1462

Richter, H., Wahrscheinlichkeitstheorie, 2. Auflage. Berlin-Heidelberg-New York: Springer 1966

Schäl, M., Markoffsche Erneuerungsprozesse mit Hilfspfaden. Dissertation der Mathematisch-Naturwissenschaftlichen Fakultät der Universität Hamburg 1969

1. Takacs, L., Introduction to the Theory of Queues. New York: Oxford University Press 1962

2. Takacs, L., Stochastic processes. London: Methuen 1962

Widder, D.V., The Laplace transform. Princeton: Princeton University Press 1946

Zurmühl, R., Praktische Mathematik für Ingenieure und Physiker, 5. Auflage, Berlin-Heidelberg-New York: Springer 1965

(nach Abschluß des Manuskripts dem Verfasser bekannt geworden:)

Hunter, J.J., On the moments of Markov renewal processes. Advances in Appl. Prob. 1 (1969) Nr. 2, 188-210

Lecture Notes in Operations Research and Mathematical Systems

Vol. 1: H. Bühlmann, H. Loeffel, E. Nievergelt, Einführung in die Theorie und Praxis der Entscheidung bei Unsicherheit. 2. Auflage, IV, 125 Seiten 4°. 1969. DM 12,– / US $ 3.30

Vol. 2: U. N. Bhat, A Study of the Queueing Systems M/G/1 and GI/M/1. VIII, 78 pages. 4°. 1968. DM 8,80 / US $ 2.50

Vol. 3: A. Strauss, An Introduction to Optimal Control Theory. VI, 153 pages. 4°. 1968. DM 14,– / US $ 3.90

Vol. 4: Einführung in die Methode Branch and Bound. Herausgegeben von F. Weinberg. VIII, 159 Seiten. 4°. 1968. DM 14,– / US $ 3.90

Vol. 5: L. Hyvärinen, Information Theory for Systems Engineers. VIII, 205 pages. 4°. 1968. DM 15,20 / US $ 4.20

Vol. 6: H. P. Künzi, O. Müller, E. Nievergelt, Einführungskursus in die dynamische Programmierung. IV, 103 Seiten. 4°. 1968. DM 9,– / US $ 2.50

Vol. 7: W. Popp, Einführung in die Theorie der Lagerhaltung. VI, 173 Seiten. 4°. 1968. DM 14,80 / US $ 4.10

Vol. 8: J. Teghem, J. Loris-Teghem, J. P. Lambotte, Modèles d'Attente M/G/1 et GI/M/1 à Arrivées et Services en Groupes. IV, 53 pages. 4°. 1969. DM 6,– / US $ 1.70

Vol. 9: E. Schultze, Einführung in die mathematischen Grundlagen der Informationstheorie. VI, 116 Seiten. 4°. 1969. DM 10,– / US $ 2.80

Vol. 10: D. Hochstädter, Stochastische Lagerhaltungsmodelle. VI, 269 Seiten. 4°. 1969. DM 18,– / US $ 5.00

Vol. 11/12: Mathematical Systems Theory and Economics. Edited by H. W. Kuhn and G. P. Szegö. VIII, IV, 486 pages. 4°. 1969. DM 34,– / US $ 9.40

Vol. 13: Heuristische Planungsmethoden. Herausgegeben von F. Weinberg und C. A. Zehnder. II, 93 Seiten. 4°. 1969. DM 8,– / US $ 2.20

Vol. 14: Computing Methods in Optimization Problems. Edited by A. V. Balakrishnan. V, 191 pages. 4°. 1969. DM 14,– / US $ 3.90

Vol. 15: Economic Models, Estimation and Risk Programming: Essays in Honor of Gerhard Tintner. Edited by K. A. Fox, G. V. L. Narasimham and J. K. Sengupta. VIII, 461 pages. 4°. 1969. DM 24,– / US $ 6.60

Vol. 16: H. P. Künzi und W. Oettli, Nichtlineare Optimierung: Neuere Verfahren, Bibliographie. IV, 180 Seiten. 4°. 1969. DM 12,– / US $ 3.30

Vol. 17: H. Bauer und K. Neumann, Berechnung optimaler Steuerungen, Maximumprinzip und dynamische Optimierung. VIII, 188 Seiten. 4°. 1969. DM 14,– / US $ 3.90

Vol. 18: M. Wolff, Optimale Instandhaltungspolitiken in einfachen Systemen. V, 143 Seiten. 4°. 1970. DM 12,– / US $ 3.30

Vol. 19: L. Hyvärinen, Mathematical Modeling for Industrial Processes. VI, 122 pages. 4°. 1970. DM 10,– / US $ 2.80

Vol. 20: G. Uebe, Optimale Fahrpläne. IX, 161 Seiten. 4°. 1970. DM 12,– / US $ 3.30

Vol. 21: Th. Liebling, Graphentheorie in Planungs- und Tourenproblemen am Beispiel des städtischen Straßendienstes. IX, 118 Seiten. 4°. 1970. DM 12,– / US $ 3.30

Vol. 22: W. Eichhorn, Theorie der homogenen Produktionsfunktion. VIII, 119 Seiten. 4°. 1970. DM 12,– / US $ 3.30

Vol. 23: A. Ghosal, Some Aspects of Queueing and Storage Systems. IV, 93 pages. 4°. 1970. DM 10,– / US $ 2.80

Bitte wenden/Continued

Vol. 24: Feichtinger, Lernprozesse in stochastischen Automaten.
V, 66 Seiten. 4°. 1970. DM 6,– / $ 1.70

Vol. 25: R. Henn und O. Opitz, Konsum- und Produktionstheorie I.
II, 124 Seiten. 4°. 1970. DM 10,– / $ 2.80

Vol. 26: D. Hochstädter und G. Uebe, Ökonometrische Methoden.
XII, 250 Seiten. 4°. 1970. DM 18,– / $ 5.00

Vol. 27: I. H. Mufti, Computational Methods in Optimal Control Problems.
IV, 45 pages. 4°. 1970. DM 6,– / $ 1.70

Vol. 28: Theoretical Approaches to Non-Numerical Problem Solving. Edited by R. B. Banerji and M. D. Mesarovic. VI, 466 pages. 4°. 1970. DM 24,– / $ 6.60

Vol. 29: S. E. Elmaghraby, Some Network Models in Management Science.
III, 177 pages. 4°. 1970. DM 16,– / $ 4.40

Vol. 30: H. Noltemeier, Sensitivitätsanalyse bei diskreten linearen Optimierungsproblemen.
VI, 102 Seiten. 4°. 1970. DM 10,– / $ 2.90

Vol. 31: M. Kühlmeyer, Die nichtzentrale t-Verteilung.
II, 106 Seiten. 4°. 1970. DM 10,– / $ 2.90

Vol. 32: F. Bartholomes und G. Hotz, Homomorphismen und Reduktionen linearer Sprachen.
XII, 143 Seiten. 4°. 1970. DM 14,– / $ 4.10

Vol. 33: K. Hinderer, Foundations of Non-stationary Dynamic Programming with Discrete Time Parameter.
VI, 160 pages. 4°. 1970. DM 16,– / $ 4.60

Vol. 34: H. Störmer, Semi-Markoff-Prozesse mit endlich vielen Zuständen. Theorie und Anwendungen.
VII, 128 Seiten. 4°. 1970. DM 12,– / $ 3.50

GPSR Compliance

The European Union's (EU) General Product Safety Regulation (GPSR) is a set of rules that requires consumer products to be safe and our obligations to ensure this.

If you have any concerns about our products, you can contact us on ProductSafety@springernature.com

In case Publisher is established outside the EU, the EU authorized representative is:

Springer Nature Customer Service Center GmbH
Europaplatz 3
69115 Heidelberg, Germany

Batch number: 10845480

Printed by Printforce, the Netherlands